광야에 판 우물

중앙대학교회 건축이야기

광야에 판 우물

초판 1쇄 인쇄 2024년 3월 25일
초판 1쇄 발행 2024년 3월 30일

지은이 이제훈
펴낸이 최승협

편집 이성현 백남형
디자인 표지 본문 드림스타트

펴낸곳 구름다리   **출판등록** 2012년 10월 18일(제2012-000333호)
주소 우) 07208 서울시 영등포구 선유로49길 23, 1005호(아이에스비즈타워 2차)
전화 070-5055-1758   **팩스** 02-333-9960
이메일 gureumdari88@naver.com

값 15,000원
ISBN 979-11-952149-1-4 03230

이제훈 지음

광야에 판 우물

중앙대학교회 건축이야기

구름다리

"교회 건축은 목사가
죽기를 각오하지 않으면 할 수 없다"

1990년 평택의 어느 교회 사모님께 교회 건축을 준비하고 있다고 말씀을 드렸을 때 근심 어린 표정을 지으시며 들려주신 말씀입니다. 교회 건축이 얼마나 힘들고 어려운 것인지가 이 문장 한마디에 담긴 것처럼 크게 들렸습니다.

어느 교회든 교회 건축 과정에는 기막힌 사연이 많을 겁니다. 그래서 남기고 싶은 말이 많을 것입니다. 그 힘들고 어려운 과정을 겪어냈기 때문입니다. 어찌 보면 교회 건축은 힘은 들지만 특별히 자랑할 일도 아니고 기록으로 남겨 기념할 만한 특별한 일도 아닐 겁니다. 그럼에도 대학 교회 건축 과정을 글로 남기려고 하는 것은 이 기록을 읽는 다음 세대가 이전 세대보다 더 아름다운 헌신을 하도록 격려하고 싶은 마음이 있기 때문입니다. 그리고 대학의 젊은 영혼들을 사랑하여 캠퍼스에 하나님의 교회를 세우고 싶은 간절함으로 기도하는 이들에게 작으나마 용기를 주고 싶은 마음에서 시작된 것입니다.

특별히 우리 세대가 이 땅을 떠난 뒤에도 다음 세대 믿음의 후배들이 이 대학교회를 생명같이 소중하게 여기며, 여기에 믿음의 선배들의 눈물과 기도, 삶의 헌신이 담겨 있음을 알고 믿음의 집으로 지켜냈으면 하는 소박한 꿈을 담았습니다.

2024년

이제훈

차례

중앙대학교회 건축을 시작하다

중앙대학교회 건축 감사의 고백들

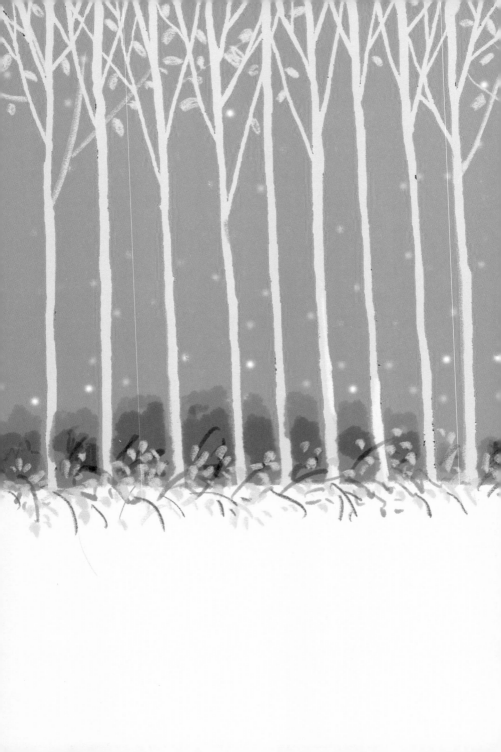

중앙대학교회
예배 처소를 꿈꾸다

강의실을
예배 처소로

강의가 끝나는 시간을 기다리며

예배를 알리는 포스터를 캠퍼스 게시판마다 붙여놓았습니다. 예배 장소는 가정대(현재, 정문 수위실을 지나 좌측에 있는 건물) 1112 강의실입니다. 예배를 드리는 목요일 오후 5시 정도가 되면 1112 강의실 앞에 기독학생연합회 형제자매들이 모여듭니다. 수업이 끝나면 강의실 청소를 하면서 예배 준비를 하기 위해서입니다. 어떤 형제는 손에 빗자루와 쓰레받기를 들고 있기도 하고 어떤 형제는 기

가정대 1112 강의실 예배

타, 어떤 자매는 청소용 걸레를 들고 있기도 합니다. 그런데 가끔은 수업이 제 시간에 끝나지 않을 때가 있습니다. 아무리 늦어도 5시 20분이면 끝나야 하는데 30분이 다 되도록 수업이 끝날 기미를 보이지 않습니다. 5시 30분이면 예배가 시작돼야 하는데 큰일이 아닐 수 없습니다. 예배 드리기 위해 모여 드는 형제자매들이 하나 둘 늘어가고 있지만 강의가 끝나지 않는 겁니다. 초조한 기다림의 순간입니다.

5시 30분을 훌쩍 넘겨 수업이 끝나고 교수님과 학생들이 강의실에서 빠져나옵니다. 마치 전철을 내리고 타듯이

가정대1112 강의실 예배중 성가대 찬양

　기독학생연합회 형제자매들이 서둘러 들어가 강의실 청소를 합니다. 그리고 칠판에 쓰여 있는 내용을 지우고 그곳에 압정 핀으로 가져온 휘장을 고정시키고 그 휘장 한가운데에 두 자 정도 크기의 십자가를 걸어놓습니다. 아무리 빨리 손을 움직여 청소를 하고 강단 정리를 해도 시간은 이미 6시에 가까워집니다.

　강의실 북편으로 나 있는 창문을 통해서 석양으로 기우는 햇살이 간간히 비치면 강의실에 자욱한 먼지가 뚜렷이 보입니다. 예배를 준비하는 형제자매들의 얼굴에 송골송골 땀방울이 맺힙니다. 시작 시간을 넘겼지만 이렇게라도 예고된 장소에서 예배를 드릴 수 있는 것은 행운이었습니다. 왜냐하면 예배 장소로 공지한 강의실이 학교의 여러 행사들로 인하여 갑자기 사용할 수 없게 되는 경우도 허다하였기 때문입니다. 그래서 가정대 1112 강의실이 있는 그 위치의 2, 3, 4층 강의실(같은 크기와 모양을 갖고 있는 강의실들)을 순례를 해야 했던 적이 많았습니다. 이 네 개의 계단식 강의실이 비어있지 않으면 때로는 100여 명이 겨우 들어갈 만한 평평한 강의실을 급히 구하여 예배를 드리기도 했습니다.

이런 상황이 반복이 되면서 형제자매들의 마음 가운데 고정된 예배 처소를 사모하는 마음이 생겨났습니다. 그리

고 서울 캠퍼스 영신관에 있는 대학교회(지금은 입학처로 바뀌었지만)를 너무도 부러워했습니다. 이런 부러움은 시간이 지나면서 기도로 바뀌었습니다. 안성캠퍼스에도 대학교회가 세워지기를 기도하기 시작했습니다. 이 기도는 누구의 제안이나 요청에 의한 것이 아니었습니다. 여기저기 예배 처소를 옮겨다니면서 하나님 앞에 갖는 간절한 소망이었고 영적 목마름이었습니다.

그러나 어떻게 캠퍼스 가운데 대학교회를 세울 것인가에 대한 문제는 그 당시 어느 누구도 구체적인 방도를 갖고 있지는 못했습니다.

가건물을
예배 처소로

서클(동아리)룸 그리고 서명운동

1987년 말 현재 조소과 실기동(그 당시에는 없었음)이 있는 자리에 가건물 다섯 동이 있었습니다. 그 가건물들에는 학생들의 각종 서클(동아리)들이 입주해 있었습니다. 현재 우리은행이 있는 건물에 새롭게 서클(동아리)룸이 만들어지고 가건물에 있던 서클들이 옮겨 갔습니다. 많은 동아리들이 새롭게 만들어진 번듯한 건물의 서클룸으로 이사를 가기 시작했고 학교에서는 서클들이 떠나고 비워진 가건물들을 해체하였습니다. 그 가건물이 있던 자리에 조소과 실기동(조소과 학생들이 실기동을 구하면서 데모를 많이 했습니다.)을 짓기 위해서였습니다. 당시 한 개의 가건물 마다 8개의 동아리가 있었습니다. 기독학생연합회도 그 중에 하나였는데 40여 개의 동아리가 모두 새로 지어진 서클룸으로 옮겨 간 후에도 기독학생연합회는 이사를 하지 않고 계속 가건물에 남아 있었습니다. 왜냐하면 이미 해체된 네 동의 가건물이 있던 자리에 조소과 실기동이 충분히 들어 설 수 있었기 때문입니다.

　학교에서는 기독학생연합회도 빨리 새로 만들어진 서클룸으로 옮겨갈 것을 요구하였습니다. 그러나 기독학생연합회 안에 누가 먼저라고 할 것 없이 이 가건물을 예배 처소로 고정으로 사용하면 좋겠다는 소원이 일어나기 시작했습니다. 그리고 이런 소원을 이루기 위해 기독학생연합회 형제자매들이 1988년 새학기가 시작되면서 캠퍼스의 학생들에게 서명을 받는 운동을 하였습니다. '1캠퍼스(서울)에 대학교회가 있으니 2캠퍼스(안성)에도 대학교회가 있어야 하지 않느냐'는 것에 대한 서명이었습니다. 그리스도인이건 비그리스도인이건 1캠퍼스에 있는 대학교회가 2캠퍼스에 없다는 것에 대하여 균형이 잡히지 않았다고 생각해 3,000명의 학생들이 안성캠퍼스에 대학교회가 있어야 한다는 것에 서명하며 동참을 하였습니다.

총장과의
면담

　이러한 호응에 힘입어 기독학생들이 총장님께 면담을 요청하였습니다. 당시 몇 년 동안 끌어왔던 조소과 학생들의 데모(실기동을 요구하는)를 비롯하여 많은 시위가 있었던 때였습니다. 그런 와중에 기독학생연합회에서 총장 면담을 요청하자 총장 비서실에서 전화가 왔습니다. 제발 학생들이 총장실로 오지 않도록 막아달라고 하면서 교목 한 사람만 왔으면 좋겠다는 내용이었습니다. 일단 학교와 총장님께 부탁하는 입장이기에 그리하는 것이 좋겠다는 생각으로 형제자매들은 중보기도를 하고 서명받은 것을 들고는 서울 흑석동에 있는 총장실에 갔습니다. 총장 비서실에서 면담을 기다리는데 당시 기획실 C 과장이 대학교회 건물 요구의 부당함을 말하면서 설득했습니다. 이화여자대학교 이야기를 들려주며, 이화여자대학교는 미션스쿨임에도 불구하고 대학교회가 단독 건물로 있지 않다며 저를 설득하는 것이었습니다. 사실 확인은 해 보지 않았지만 강당을 빌려서 예배를 드린다고 장황하게 설명을 하고 한 시간여 설전이 오고 갔습니다. 참으로 감사한 것은 면담을 한 총장님이 저의 설명을 듣고는 이렇게 말씀하셨습니다. "중앙대학교는 미션스쿨이니(당시 총장이셨던 이재철 총장은 재단이 1987년도에 바뀌면서 재단에 의하여 영입된 분으로 중앙대학교의 내막을 상세히 알지 못하셨을 겁니다.) 대학교회가 있어야 마땅하다"고 말입니다. 매우 호의적인 반응이었습니다. 그리고 안성 캠퍼스 가건물을 교회로 사용하고 싶다는 말을 진지하게 들으셨습니다. 그리고는 즉시로 안성 부총장(당시 부총장은 서울 모 교회 장로였습니다.)에게 전화를 걸어 가건물의 추후 사용 계획에 대하여 물으시면서 구체적인 계획이 없다면 학생들의 요구대로 되었으면 좋겠다고 말씀하셨습니다. 통화를 마친 총장님은 긍정적으로 검토하여 구체적인 지시를 하겠다는 구두 약속을 해주셨습니다.

그러나 이런 총장님의 적극적이고 긍정적인 구두 약속에도 불구하고 한동안 아무 소식이 없었습니다. 학교 행정의 특성이 고스란히 드러난 것입니다. 그러자 시설관리과에서는 기독학생들이 빨리 자리를 비울 것을 독촉하였고 학생들은 총장님이 구두로 약속을 해주셨으니 조금만 기다려 달라고 버티며 실랑이가 몇 주 동안 이어졌습니다. 학생들이 가건물 한쪽을 예배를 위하여 막아놓으면 시설관리과에서 보낸 사람들이 와서 해체하기를 몇 차례 반복했습니다.

하도 속상하여 부총장님을 찾아 이런 상황을 알려드렸습니다. 이미 총장님과 가건물 문제를 이야기하셨기에 부총장님이 시설관리과에 전화를 걸어 야단을 하셨습니다. 그러자 더 이상 시설관리과에서 해체하는 일을 하지 않았지만 총장님의 공간 배치 확정에 대한 공문을 기다리는 긴 기다림이 이어졌습니다. 그리고 한 달 정도 지났을 무렵 가건물을 예배 처소로 배정한다는 공문이 왔고 그날 저녁 형제자매들과 저는 총장님의 공문을 들고 펄쩍펄쩍

뛰면서 감격하여 춤추고 울었습니다. 드디어 비록 가건물이지만 마음껏 기도하고 예배할 수 있는 예배 처소가 마련되었다는 사실 앞에 감격하여 울었던 것입니다.

이제 더 이상 강의실 이곳저곳으로 쫓겨다니지 않아도 되었기 때문입니다. 언제든 기도할 수 있고 예배를 드릴 수 있게 되었기 때문입니다.

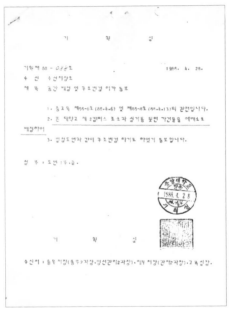

가건물 예배 처소 허락 공문

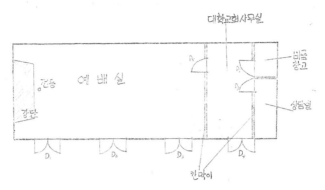

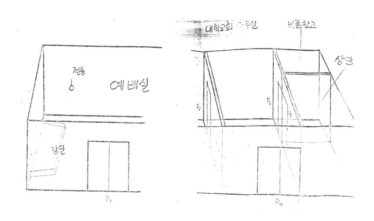

가건물 예배 처소 내부 구조도

가건물을
예배당으로

　그날 밤, 즉시 75평 정도 되는 가건물 청소를 했습니다. 그러나 여러 해 동안 학생들의 서클룸으로 사용해오던 가건물이 성할 리가 없었습니다. 벽마다 낙서가 가득했고 부서진 곳이 한두 군데가 아니었습니다. 청소를 해놓고 보니 영락없는 창고였습니다. 일단은 입당예배를 드린다고 학교 교직원신우회와 교수성경연구회원들께 알렸습니다. 그리고 입당예배를 드리기 위해 의자가 필요하다고 학교 시설관리과에 의뢰하여 창고에 넣어둔 의자를 얻었습니다. 시설관리과 창고에 쌓여 이곳저곳 곰팡이가 피어 있는 의자를 가져다가 깨끗이 닦아 자리를 채웠습니다. 시멘트 바닥은 아무리 쓸고 닦고 하여도 여기저기 얼룩이 져 있었습니다.

입당예배를 드리는 날 비록 가건물이지만 언제든 자유롭게 예배와 기도를 드릴 수 있는 장소가 마련되었다는 사실만으로도 감사하고 감격했습니다. 이제 입당예배를 드리고 주일 예배를 드리기 위한 준비를 한 주, 한 주 해 나갔습니다. 곧 그 창고 같았던 곳을 예배드릴 수 있는 정리된 공간으로 만들어간 것입니다.

예배를 드리기 위해 음향시설이 있어야 하는데 새것을 살 재정은 없었습니다. 그리하여 옥인교회(종로구 옥인동 소재, 대학 사역을 하기 전에 섬기던 교회) 창고에 쌓여 있던 30W 앰프(일명 새마을 앰프)와 콜럼 스피커 8개를 얻었습니다. 그리고 아버지께서 바닥에 아스타일을 깔도록 헌금을 해주셔서 아버지 친구 분의 픽업트럭을 빌려 영등포 시장에서 아스타일을 구입해 한 트럭을 싣고 안성으로 출발했습니다. 적재용량이 500킬로그램 정도 되는 픽업(브리사 픽업)이었는데 적재함에 실려 있는 아스타일은 일 톤도 더되는 것 같았습니다. 적재함에 아스타일을 실어주는

브리사 픽업(아스타일을 싣고 왔던 픽업과 같은 브랜드의 픽업)

상점 인부들이 걱정스런 표정을 지었습니다.

영등포 시장을 출발하여 경부고속도로로 가기 위해 올림픽대로를 진입했습니다. 올림픽대로에 들어서자마자 트럭이 적재함에 실린 아스타일의 무게를 견디지 못하고 춤을 추기 시작합니다. 타이어가 무게를 견디지 못하고 심하게 찌그러져 좌우 균형이 맞지 않았기 때문입니다. 최대한 속도를 줄여서 가려고 했지만 도저히 핸들을 조작할 수 없을 정도로 차가 제멋대로 움직였습니다. 차를 멈추고 보니 왼쪽 뒷바퀴가 거의 주저앉아 있었습니다. 이런 상태로 고속도로를 갈 수가 없을 것 같아 고속도로 진입로 입구에서 차를 돌려 반포까지 되돌아가 근처에 있는 타이어 수리업소에 갔습니다. 타이어가 펑크가 났다고 하면서 펑크를 때운다고 몇십 분이 지났습니다. 이제는 괜찮겠지 생각하고는 타이어 가게를 나와 200여 미터를 달려 팔레스 호텔 앞을 지나는데 타이어를 수리하기 전보다 차가 심하게 흔들리기 시작했습니다. 성모병원 앞까지 가서 차를 세워놓고 보니 조금 전 펑크를 때운 바퀴가 완전히 주저 앉아 있었습니다. 정말 화가 났지만 교회 바닥에 깔 아스타일을 싣고 가는 것이라 사단이 시험을 하나 보다 생각을 하고는 다시 조금 전 타이어를 수리한 업소에 가기 위해 우선 예비 타이어라도 직접 갈아끼울 요량으로 자동차를 들어 올릴 자퀴를 찾았습니다. 그런데 자퀴는 커녕 공구라고는 드라이버 하나도 없었습니다. 토요일이었기에 내일 주일을 위해 양복을 말끔하게 차려 입은 채로 난감히 서 있을 수밖에 없었습니다. 지나가는 차에 도움을 요청했지만 모두들 분주히 제 갈 길로 쏜살같이 달려갈 뿐이었습니다. 기도가 저절로 나왔습니다. 날은 점점 어두워져 갔습니다. 영등포에서 오후 5시경에 출발을 하였는데 벌써 6시 반을 넘어서고 있었습니

다. 결국 기도하며 주님께 도움을 요청했습니다. 그러자 잠시 후 택시 한 대가 다가와 섰습니다. 감사하게도 도움이 필요하냐고 물어왔습니다. 타이어가 펑크가 나서 꼼짝도 못하고 있다고 하자 자신의 차에 있는 모든 공구를 가지고 와서 예비 타이어로 손수 교체를 해주었습니다. 너무도 고마워 사례를 하려고 하자 극구 사양하기에 손님으로 탄 것으로 생각해 택시 요금 정도는 받으셔야 한다며 사례를 했습니다. 천사가 택시 운전자 옷을 입고 택시를 몰고 온 것입니다.

　다시 고속도로 진입로에서 차를 돌려 반포까지 되돌아

갔습니다. 타이어 수리점에 갔더니 자신들의 잘못은 인정하지 않고 뒤에 실은 짐이 너무 무거워서 그렇다고 오히려 저에게 핀잔을 했습니다. 그러면서 앞에 있는 타이어를 뒤로 옮기고 뒤에 있는 펑크 난 타이어를 수리해서 앞으로 바꾸어야 한다는 것이었습니다. 무슨 소린지 알 수는 없었지만 그들이 하자는 대로 했습니다. 다시 타이어 수리를 끝내고 출발을 했습니다. 차가 조금만 흔들려도 또다시 펑크가 날까 봐 긴장하며 거북이처럼 천천히 운전을 했습니다. 고속도로에 진입한 뒤에는 최저 속도를 웃도는 시속 70킬로미터 정도의 속도로 4차선에서 운행을 했습니다. 그리고 계속 기도하였습니다. 고속도로에서 타이어가 문제를 일으키면 일반 도로에서보다 더 심각하다는 것을 알기에 더욱 긴장을 했습니다. 한 시간을 조금 더 달리자 안성이라고 쓰인 표지판이 눈에 들어왔습니다. 집에 온 기분이었습니다. 이제 고속도로를 벗어나 국도에 들어서면 펑크가 나더라도 도움을 받을 수 있을 것이라는 생각에 안심이 되었습니다. 그리고 학교 진입로에 이르러서야 안도의 숨을 쉴 수 있었습니다. 밤 11시 반이 넘어선 시간에 학교 정문을 통과하여 가건물에 도착을 했습니다. 영등포를 출발한지 6시간이 넘은 긴 여정이었습니다.

적재함에 실려 있는 아스타일을 내려놓는 형제들은 자정이 다된 늦은 시간이었지만 신바람이 났습니다. 그리고 자정이 넘은 시간까지 음향 시설을 설치하면서도 피곤한 줄 몰랐습니다. 그런데 앰프와 스피커를 연결하고 테스트를 해보니 제대로 소리를 내는 스피커보다 잡음을 내는 스피커가 더 많았습니다.

자정이 넘은 시간이었지만 혹 스피커 수리를 할 수 있는 곳이 있지 않을까 하면서(말도 안되는 줄 알면서도) 박오현 집사님과 안성 시내를 돌아다녀 보았지만 그 시간 문

가건물 예배 처소 앞 계단

을 연 전파사는 한 군데도 없었습니다. 지금 생각해보면 그리 늦은 시간에 스피커 수리를 하겠다고 시내를 나간 건 제정신이 아니었습니다. 아스타일을 싣고 오기 위해서 아버지 친구 분 가게에서 잠시 빌려온 픽업트럭을 천천히 몰면서 혹시 문을 연 곳이 있는가를 살피는데, 난데없이 오토바이가 달려와 앞 범퍼를 부딪치면서 넘어졌습니다. 픽업트럭의 앞 범퍼는 떨어져 바닥에 뒹굴고 있었고 고등학생 정도 되어 보이는 아이가 넘어진 오토바이를 세우고 있었습니다. 아이가 다친 곳이 없는 것을 확인하고는 그저 보낼 수밖에 없었습니다. 범퍼가 떨어져 나간 픽업트럭은 흉물스러운 모습 그 자체였습니다. 이런 흉물스러운 모습으로 픽업트럭을 돌려드리면서 사정을 말씀드렸더니 괜찮다고 흔쾌히 받아주셔서 지금까지 고마운 마음입니다.

주일날 일단 소리가 나오는 몇 개의 스피커와 함께 예배를 드렸습니다. 주일이 지나고 손재주가 있는 문육식 형제가 바닥을 깨끗이 쓸어내고는 아스타일을 붙였습니다. 그런데 아무리 손재주가 좋아도 역시 아마추어라 그런지 접착제의 양 조절을 잘못하여 수년이 지나도록 검은색 접착제가 바닥에서 묻어났습니다. 그 때문에 교회 바닥이 늘 얼룩덜룩했지만, 그의 헌신과 수고를 기억할 수 있는 소중한 흔적으로 남았습니다.

어떻게든 주일예배는 드렸지만 강단이 없었습니다. 강단을 만들어야겠는데 나무 값이 만만치 않아 엄두를 못 내고 있었습니다. 마침 학생회관의 동아리 방 집기를 새 것으로 교체하면서 전에 쓰던 집기들을 밖에 잔뜩 쌓아놓는데, 이를 기독 학생들이 지나는 길에 보았습니다.

시설과에서 모아 쓸만한 것은 창고에 쌓아 두고, 쓰기에 마땅치 않은 것들을 폐기하려고 모아놓은 것입니다. 기독학생연합회 형제들이 쌓아놓은 테이블을 보고는 상판을 떼어내어 강단을 만들면 좋겠다는 생각으로 여섯 개를 들고 와서 다리와 상판을 분리했습니다. 바닥에 아스타일을 붙인 문육식 형제가 하루 종일 수업도 들어가지 않고 뚝딱거리더니 강단을 만들어 놓았습니다. 그런데 폐기하려던 테이블에서 떼어낸 상판으로 만들었기에 누더기같이 보였습니다.

다음 날 남대문 시장을 갔습니다. 강단을 덮을 생각으로 붉은 색 카펫을 사고는 다음 날 아침 통근버스 시간에 맞춰 배달을 부탁했습니다. 통근 버스에 커다란 카펫을 접어서 싣는 것이 여간 어려운 일이 아니었습니다. 기사님의 도움을 받으며 겨우 싣기는 했는데 학교에 도착해 버스가 하차하는 곳에서 교회까지의 상당한 거리가 문제였습니다. 무거운 카펫을 들고 갈 수 없었기 때문입니다. 기사님에게 특별히 조소과 실기동을 건축하고 있는 가건물(예배당) 쪽으로 회차를 요청하여 가건물이 있는 도로변에 카펫을 내려놓았습니다. 그리고 그 카펫을 도로에서 가건물 교회가 있는 곳까지 10개의 계단을 통해서 끌어 올렸습니다. 지금 기억으로도 세상에서 가장 무거운 것이 카펫이라고 생각이 들 정도로 젖먹던 힘까지 다해 끌어 올려야 했습니다. 다음 날 손재주가 있는 형제가 카펫을 강단에 붙여 놓았습니다. 제법 근사한 강단이 만들어졌습니다. 이렇게 만든 강단에서 10년 동안 말씀이 선포되었고, 때로는 성극 무대로 때로는 간절한 기도처로, 어떤 때는 형제자매들의 제일가는 휴식처(카펫이 깔려 있다는 이유로)가 되기도 했습니다.

얼마 후에 기독동문회(회장 김현용 장로, 약학 56학번)에서 비록 가건물이지만 안성에 대학교회가 세워졌다는 것을 듣고는 강대상을 비롯하여 장의자 40개를 헌물해주어 귀하게 쓸 수 있었습니다. 그리고 형제자매들이 자원함으로 헌금 300여만 원을 모아 앰프 시스템을 준비하였고 자신들이 집에서 소중히 사용하던 악기를 가져다가 교회를 아름답게 채워갔습니다. 이렇게 하여 1987년 가을, 처음 대학교회에 내려왔을 때 대학교회(기독학생연합회를 포함해서) 기물은 들고 다닐 수 있는 십자가 한 개, 헌금 바구니 두 개, 강단에 놓는 종 한 개, 스탠드 마이크 한 개와 마이크

한 개 정도였던 것이, 비록 가건물이긴 하지만 예배 처소
가 마련이 되면서 위와 같은 과정을 통해 많은 기물들이
교회에 채워졌습니다. 이 모든 것 가운데 어느 것 하나라
도 하나님의 사람들의 사랑이 담기지 않은 것이 없는 소
중한 헌신의 열매들이었습니다.

신광교회에서 사용했던 종을 가져와 종탑을 세워 예배 시간을 알렸다.

그러나 이렇게 가건물 대학교회를 하나님의 사람들의 사랑으로 채워갔지만 주변 환경과 상황은 매우 열악했습니다. 교수 연구동 2층에 있는 교목실과 가건물 대학교회는 100여 미터 이상 떨어져 있었습니다. 그래서 전화가 가설되면 좋겠다는 생각으로 학교에 요청을 하였는데, 수개월 동안 계속 미루어지기만 했습니다. 결국 예산이 없다는 말과 함께 교수연구동에서 가건물 대학교회까지 전화선을 매설할 수 있도록 땅을 파 놓으면 개통해주겠다는 답변을 받았습니다. 이에 이영형 전도사(현 서울 새빛교회 담임목사)가 추운 겨울 하루 종일 땀을 뻘뻘 흘리면서 도랑을 파 비로소 가건물 교회에 전화가 놓일 수 있었습니다. 한겨울 꽁꽁 얼어 있는 땅을 파면서 얼굴에 땀방울로 가득했던 그 모습을 지금도 잊을 수 없습니다.

여름에는 가건물 양철 지붕으로 무더위와 싸워야 했고 비가 올 때는 천장에서 떨어지는 물을 받기 위하여 양동이를 찾느라 부산을 떨어야 했습니다. 겨울이 되면 뒤틀린 문틈으로 엄청난 냉기가 들어와 언 발을 동동 구르며 예배를 드려야 했습니다. 그리고 화장실이 있는 조소과 실기동을 겨울만 되면 잠가 놓았기에 때로는 잠겨 있는

교회 옆에서 하는 돌 작업으로 소음과 분진이 심했다.

교수 연구동에 달려가서 문을 두드리며 애원을 해야 했습니다. 이런 것들보다 더 힘들고 어려웠던 것은 바로 옆에 붙어 있었던 조소과 실기동에서 작품 활동을 하는 조소과 학생들과의 소소한 마찰이었습니다.

조소과 학생들이 매 학기마다 과제전을 갖기 때문에, 과제전을 두어 달 앞둔 때부터 교회를 둘러싸고 돌 작업을 했습니다. 그들이 돌을 갈 때 날리는 먼지는 손수건으로 입과 코를 틀어막고서야 교회에 오갈 수 있을 정도로 심각했습니다. 더욱이 돌가루 먼지는 폐에 들어가면 몸 안에 쌓이기 때문에 주일날 어린아이들의 건강을 염려하지 않을 수 없었습니다.

1989년 겨울 제직수련회 그리고
예언 아닌 예언

  이듬해인 1989년, 대학교회의 겨울 제직수련회가 성
탄절과 함께 있었습니다. 대학교회 비전에 대하여 강의
하는 시간에 대학교회 창립 10주년이 되는 해에 새 예배
당에서 예배를 드리게 될 것이라는 예언 아닌 예언을 했습
니다. 함께 한 십여 명의 제직 집사(대부분 학생 집사 – 당시에
는 3, 4학년 중에 서리집사를 세웠습니다.)들이 의아한 표정으
로 반응을 했지만 새 예배당에서 예배를 드릴 수 있게 될
것이라는 말에 아무도 이의를 제기하지 않았습니다. 이
강의 이후에 구체적인 준비 없이 한두 해가 지났습니다.

1992년 말부터 마음 가운데 1989년 제직수련회 중에 했던 강의가 부담으로 다가오기 시작했습니다.

그런데 1992년 겨울 예술대학 실기고사가 치러지던 12월 말에 마음에 품었던 부담을 행동으로 옮겨야 되겠다는 생각을 갖게 한 사건이 있었습니다. 며칠 간 치러지는 실기고사로 인해 기숙사에 묵고 있는 수험생 학부모들을 교회에 초대하여 예배와 기도회를 가졌습니다. 다음 날 실기고사 시험감독을 마치고 교회에 와서 기도회를 인도한 형제자매들과 이야기를 나누는 중에 어느 학부모와의 만남에 대해 듣게 되었습니다. 그 학부모님은 목사님이셨는데 수험생 학부모에게 차 대접을 하고 기도회를 인도하는 형제자매들에게 야단을 치고 가셨다는 것입니다. 왜 야단을 쳤는지 묻자 "여러분들은 뭐하시는 분들입니까? 다른 건물들은 멀쩡하게 번듯이 세워져 있는데 하나님을 예배하는 예배당은 이렇게 낡은 가건물로 되어 있는데도 기도는 하고 계십니까? 제대로 된 예배당 건물을 위해서 기도하고 계세요?"라고 하셨다는 것입니다. 그리고 대학교회 건축을 위해서 금식하며 기도하고 구체적으로 행동을 하도록 책망을 했다는 것입니다. 야단을 맞은 형제자매들은 속상했겠지만 그 말을 듣는 순간 저는 그것이 하나님의 책망으로 들렸습니다. 이제껏 마음에 부담으로만 가져왔던 것을 이제는 구체적으로 행동에 옮겨야 할 때가 왔다는 생각이 강하게 들게 한 사건이었습니다. 대학교회 창립 10주년이 되는 1996년에 창립 10주년 예배를 새 예배당에서 드리려면 적어도 1992~1993년부터 준비를 해야 합니다. 이미 교인들에게 한 이야기였기에 다시 주워담을 수도 없는 노릇이었습니다. 이 성전 건축이 보통 일이 아니었기에 이런 부담을 계속 미루어왔는데 1993년 새학기가 시작되자 더 이상 미루면 아예 불가능하겠다는 생각이 들었습니다.

중앙대학교회
건축을 꿈꾸다

마음 가운데 소원을 두고
행하시는 하나님

    대학교회 회지였던 〈엔크리스토〉에 "7살짜리 아이의 10살이 되고 싶은 꿈"이라는 글을 시작으로 대학교회 건축에 대한 구체적인 행동을 단행하였습니다. 당시 생활관 조교로 있던 김영미 자매(92' 불어)에게 대학교회를 지으려면 적어도 4~5억 원(당시 대학교회를 어느 규모로 구체적으로 지을 것인가에 대해서는 아무런 계획이 없었지만 대략 이 정도 금액이면 교회를 지을 수 있겠다는 생각으로 이런 금액을 정했습니다.) 정도의 예산이 필요할 것 같고 그러려면 200만 원씩 헌금을 할 사람이 200명에서 250명 정도는 있어야 하는데 가능하겠나 물었더니 그 자매는 선뜻 충분히 그럴 수 있을 것이라고 대답하였습니다. 한 달에 5만 원씩 붓는 3년짜리 정기적금을 들면 200만 원을 만들 수 있겠다는 단순한 계산이 나왔습니다. 그래서 정말 단순한 생각으로 하나님의 교회를 짓는데 한 달에 5만 원 정도 부담할 사람이 200명 이상은 되지 않겠나 하는 생각으로 시작해보자는 결론을 내리게 되었습니다.

이런 생각을 대학교회 운영위원들(대학을 갓 졸업을 했거나 고학년 형제자매들)과 나누었더니 모두들 긍정적인 반응을 보였습니다. 그리고 기독학생연합회 형제자매들에게도 이런 이야기를 들려주자 더 적극적인 반응을 보였습니다. 대학교회와 기독학생연합회에 한 달 정도 기도의 시간을 갖게 했습니다. 마음 가운데 소원을 두고 행하시는 하나님 앞에서 하나님의 교회를 향한 간절한 마음을 구했습니다. 곧 자원함으로 생명같이 소중한 물질을 모아 하나님의 교회를 캠퍼스 가운데 세우자고 하는 간절함이 우리의 마음 가운데 넘쳐나도록 기도하였습니다. 먼저 대학교회에서 헌금 작정일을 정하고 구체적인 준비 기도를 했습니다.

7살난 아이의 10살이 되고 싶은 꿈
– 창립 7주년 기념 주일을 맞아 지난 날을 돌아보며

1993년 4월 〈엔크리스토〉에서 발췌

우리 집 둘째 아이의 나이가 올해로 7살입니다. 그 아이의 누나인 첫째 아이가 얼마 전에 반 친구의 생일 파티에 참석하여 재미있게 지냈던 이야기를 하자 둘째 녀석도 자기 생일이 언제냐고 물으면서 자기도 생일날 친구들을 초대하여 파티를 열 것이라고 지금부터 잔뜩 벼르고 있습니다. 둘째 아이의 성장과정을 옆에서 지켜보면서 7년이란 세월은 결코 길지도, 짧지도 않은 시간이라는 생각을 많이 하곤 합니다. 제법 자란 키와 더불어 때로는 아빠의 말상대를 할 정도가 되기도 하고 아직은 멀었지만 야구 방망이를 흔들어대고는 합니다. 천진난만하게 이불을 다 걷어차며 자는 모습은 영락없는 어린아이이지만 텔레비전을 보면서 던지는 질문은 가끔 어른들을 당황하게도 하는 어른 같은 아이입니다.

미운 7살이라고 하는 말처럼 어른들의 가치관에 종종 정면으로 도전장을 던지는 모습은 참을성 없는 어른들의 신경을 건드리기도 하지만 그들의 세계를 조금만 진지하게 들여다보고 있노라면 웃음을 머금게 되는 경우가 허다합니다.

올해로 우리 대학교회도 7살이 되었습니다. 교회의 모습을 객관적으로 어떤 기준에 의하여 평가하여 성숙도라든가 성장속도를 측정할 수 있는 틀이 없기 때문에 우리 교회의 현재 모습을 정확하게 알 수는 없으나 우리 집 아이의 모습을 통해서 우리 교회의 현재의 모습을 어느 정도는 알 수 있을 것 같은 생각을 갖게 됩니다. 7살짜리 우리 집 둘째 아이처럼 어른 같은 어린아이의 모습들을 우리 대학교회도 지니고 있을 것이라 생각됩니다.

비록 어린아이와 같은 미숙함이 있을지라도 하나님께서 이 안성에 교회를 세우시고 이제까지 이러한 모습으로 성장할 수 있게 하신 것을 다시금 돌아보고 싶은 마음이 있어 펜을 들게 되었습니다.

우선 안성 캠퍼스의 역사와 함께 대학교회는 성장하여 왔다고 할 수 있습니다. 곧 1979년 이곳 안성 내혜홀이라는 촌에 대학촌이 형성되면서 중앙대학교의 새로운 역사는 시작되었습니다. 그러나 영적인 존재인 인간은 빵으로만 살 수 없기에 주말마다 영적인 기갈을 당한 수많은 그리스도인들이 이 교회 저 교회를 찾아 방황 아닌 방황을 하게 되었습니다. 무엇보다도 우리 대학교회의 모태는 기독학생연합회라고 할 수 있습니다. 고향을 떠나 있으면서도 하나님 앞에서 신앙을 잃지 않으려는 형제자매들이 지역교회를 찾아 유리하면서 계속 소원을 갖고 기도하기 시작했습니다. 즉 서울캠퍼스에 있는 대학교회와 같은 교회를 소원하기 시작한 것이었습니다. 당시만 하더라도 뚜렷하게 이곳에 교목을 둔다는 생각은 전혀 없는 상황이었습니다. 이렇게 수년 동안을 기도한 끝에 기독동문회와 서울캠퍼스 대학교회의 몇 동문 출신 교인들의 발의에 의하여 여러 차례 협의를 거친 끝에 당시 숭의여중 교목으로 계시면서 주일은 비교적 자유롭게 시간을 내실 수

광고

제1호
풍양대학교
제2 Campus 대학교회

1. 2 Campus 대학교회 창립예배를 드릴수 있게 하신 하나님께 감사를 드립니다.
2. 예배에 참석하신 ... 새가족들 예수님의 이름으로 환영합니다.
3. 예배를 ... 함께 ...

예배 안내

• 주일예배
  • 시간: 오전 9시
  • 장소: 112 강의실 (가정대)
• 다음주 예배위원
  • 사회: 류 정호   기도: 박 오현
  • 헌금기도: 서 윤미

담임목사: 류 상 례 목사
반 주: 김 란 주

1부. 예배순서

사회: 백 정선
설교: 류 상례 목사

예배에의 부름		사회자
복도		다같이
찬송	9장	일어서서 다같이
성시교독	No.9. 시23	일어서서 다같이
찬송	358장	일어서서 다같이
기도		김 현용 집사
말씀봉독		사회자
록송		기독학생회
설교		류 상례목사
헌금	기장 (박오현, 정오현)	다같이
헌금기도		최 윤식 집사
환영및광고		사회자
찬송	102장	일어서서 다같이
축도		허 민구목사

2부. 사랑의 교제

1986년 4월 6일 대학교회 창립예배 주보

있는 류상태 목사님을 주일마다 이곳 안성으로 파송하여 예배를 드리면 좋겠다는 생각을 갖고 전격적으로 1986년 4월 6일 대학교회라는 이름으로 안성에서 첫 예배를 드리게 되었습니다.

당시 창립예배 주보를 보면 류상태 목사님을 담임목사로 하여 주일마다 아침 9시에 가정대 1112 강의실에서 예배를 드린다고 광고되어 있습니다. 첫 예배의 사회는 당시 기독학생연합회의 회장이었던 백정선 형제가, 기도는 당시 기독동문회장이셨던 김현용 장로께서, 특별 찬송은 기독학생회에서, 헌금위원으로는 박오현 형제 정소현 자매가, 헌금기도는 서울캠퍼스 대학교회 장로이신 최윤식 장로께서 하셨고 축도는 허민구 목사께서 오셔서 해주셨습니다. 당시의 주보의 모습을 보면 갓 태어난 아이의 모습처럼 엉성하고 허술함이 있으나 글자 하나하나마다 첫 예배에 대한 감격이 그대로 묻어 있습니다. 첫 예배를 드린 지 얼마 되지 않은 동안에 나온 주보들을 보면 지금도 대체로 우리가 잘 알고 있는 형제자매들이 봉사를 하고 있었음을 알 수 있습니다. 곧 백정선 형제, 류재덕 형제, 박오현 형제, 정소현 자매, 이영형 형제, 박민희 자매, 서수길 형제, 이종수 형제 등이 계속해서 주보에 나타나고 있었습니다. 주보에는 인원 통계라든가 헌금 통계가 기재되어 있지 않았기 때문에 당시의 예배 상황들은 정확하게 알 수는 없습니다.

정확하게 언제인지는 알 수 없으나 1987년 당시 기독동문회에서는 지금처럼 한 달에 한 번씩 월례 예배를 드리고 있었는데 류상태 목사님께서 안성의 사역이 현재의 학교 사역과 여러 사역들로 인해 체력과 시간에 제한이 되어 사의하셨고, 저에게 사역을 하면 좋겠다고 개인적으로 이야기하는 것을 듣게 되었습니다. 이런 이야기가 심심치 않게 들려오는 중에 기독동문회의 임원들도 류 목사님의 안성 사역의 사임을 공식화하면서 후임자를 찾는 작업을 하게 되었던 것으로 보입니다. 지금 기억으로는 1987년 가을 초입에 기독동문회 임원과 최재선 박사님, 허민구 목사님으로부터 거의 동시에 안성 대학교회의 사역에 대한 제안을 듣게 되었고 보름 정도를 기도한 후에 동의하게 되었습니다. 그리고 류 목사님은 학교와는 전혀 관계를 맺지 않고 사역을 하였으나, 나는 촉탁이라는 임시직이었으나 그래도 제2캠퍼스 교목이라는 최초의 명칭을 갖고 1987년 10월 1일에 안성 캠퍼스에 오게 된 것이었습니다. 그해 10월 첫 예배에 대한 인상은 지금도 생생합니다. 우선 주보가 없었고 앞에 있는 칠판에 판서를 한 예배 순서가 적혀 있었습니다. 그리고 피아노 반주자가 있었지만 찬송을 부르는 회중을 피아노가 따라가는 모습이었습니다. 예배에 나온 사람들은 28명 정도였습니다. 그리고 칠판 앞에 걸어놓은 나무 십자가, 교단 위에 올라서 있는 마이크 스탠드 한 개와 마이크 한 개, 그리고 그 옆에 놓여 있는 헌금 바구니 한 개, 또 옆에 예배의 시작을 알리는 종 한 개가 교회 재산의 전부였습니다. 지금 기억으로는 당시의 대학교회의 회장이 있었는데 지금 대학부 부장 집사인 이상석 형제였던 것으로 기억하고 있습니다. 지금은 아주 멋진 신사이지만 그때의 그 모습이란…. 글을 읽는 독자들의 상상에 맡기겠습니다. 사실 1987년에 대학교회에 처음 부임하여 주일날 낮예배 시간에 설교를 한 시간씩, 되지도 않는 내용으로 소리치는 제 모습은 더욱 가관이었으리라 생각이 됩니다. 1987년 10월부터 소위 보따리 장사라는 생활이 다음 해 5월까지 계속되었습니다. 이 보따리 장사라는 것은 예배를 드리기 위해서 마련한 몇 가지의 소품들을 교수연구동에 있는 교목실에서 예배 장소로 메고 다니는 일을 말하는 것입니다. 소품들로는 앞의 칠판에 붙이기 위한 휘장과 휘장을 걸기 위한 쫄대였습니다. 매주 예배를 강의실에서 드리면서 조금씩 잉태했던 꿈은 예배만을 드릴 수 있는 장소에 대한 것이었습니다. 그래서 당시 장로(여기서 말하는 장로는 글자 그대로 대학교회에 출석하는 형제자매 중에서 그래도 나이가 많은 편에 속한 형제에게 주어진 편의상의 직분)였던 류재덕, 이상석, 박오현 형제들과 함께 이야기를 하고 교회 건립을 위한 서명운동을 하게 되었습니다. 그 결과가 어떻게 될지 알지도 못한 채 교회 예배를 위한 단독 건물에 대한 소망을 갖고 그 일을 벌이게 된 것이었습니다. 그때 마침 현재 서클룸이 있는 복지관 건물로 서클룸을 옮기면서 현재 대학교회 건물 자리와 조소과 실기동이 들어선 자리에 있던 가건물 4개동을 철거하기 시작하였습니다. 그때 현재 대학교회의 가건물에 자리하고 있었던 6개의 서클들이 모두 복지관으로 옮겨갔으나 기독학생연합회는 다른 서클들이 나간 자리까지 넓혀서 가건물의 거의 반을 차지하고 눌러 앉게 되었습니다. 다른 가건물 3개 동은 모두 철거가 완료되었으나 기독학생연합회에서 아직 비우지 않았기 때문에 현재의 대학교회인 가건물은 철거가 보류 상태에 있었습니다. 이때가 1988년 4월경이었습니다. 그러던 중 가건물이 철거된 자리에는 단독 실기실을 위하여 데모를 한 조소과 실기동이 기공식과 함께 말뚝을 치기 시작하였습니다. 그때 교회건립을 위하여 서명운동을 전개하여 약 3,000명의 학생에게 서명을 받게 되었고, 이것을 갖고 당시 총장이셨던 이재철 총장을 전격적으로 면담을 하게 되었습니다.

당시 임시직으로 있었던 터라 총장을 만나 교회 건물을 달라고 하는 것은 바위에 달걀을 던지는 식이었습니다. 하나님께서 도우심으로 기획실에서 기획과장과 한 시간이 넘는 격론을 벌이는 중에 담대함을 주셨고 총장님의 연구를 위한 지시와 함께 당시 안성 캠퍼스 부총장이셨던 김준평 교수님에게 직접 전화를 걸어 철거되지 않은 가건물에 대한 용도를 확인하여 특별하게 사용될 목적이 없음을 확인하고는, 교회로 사용할 수 있도록 구두의 약속을 받고 안성으로 내려오게 되었습니다. 학교 시설물을 관리하는 담당부서에서는 가건물 철수를 위해서 속히 건물을 비워줄 것을 요구하게 되었고 우리는 총장님의 구두 약속이 있었으니 조금만 기다려 달라고 줄다리기를 하게 되었습니다. 이때 성질이 급한 형제들은 가건물의 사이사이를 가로막아 놓았던 칸막이를 죄다 뜯어내었으나 담당직원들이 알고 야단을 하여 다시 그 자리에 세워놓는 촌극을 몇 차례 연출하기도 했습니다. 드디어 하나님께서는 우리의 기도를 들으셔서 1988년 4월 말에 현재의 가건물을 대학교회 예배를 위한 공간으로 허락한다는 기획실의 공문을 받게 되었고 이 소식을 들은 형제자매들은 눈물의 감사 기도를 잠시 드리고는 즉시로 칸막이 제거 작업과 함께 가건물 청소를 며칠에 걸쳐 밤을 새우다시피 하면서 예배를 드릴 만한 곳으로 만들어갔습니다.

이러한 작업이 진행되는 중에는 많은 에피소드들이 있었습니다. 각 서클들이 워낙 험하게 사용하던 가건물이었기 때문에 아무리 청소를 해도 도무지 깨끗해지지 않았습니다. 그래서 바닥을 아스타일로 깔기로 하고 서울에서 직접 아스타일을 한 트럭 싣고 오다가 너무 무거워서 타이어가 두 번이나 펑크가 난 일은 평생 목회를 해도 잊지 못할 일이 되었습니다. 그리고 이 교회 저 교회를 다니면서 쓰다 남은 스피커를 주워다가 밤이 새도록 수리하여 달아 놓고는 마이크를 시험하던 일, 강단을 만들 나무를 아낀다고 학교에서 쓰다 남은 상을 뜯어 학교 한복판을 횡단하면서 들고 행진하던 일, 그래도 비록 쓰다 남은 상뚜껑으로 만들었지만 카페트를 씌우겠다고 학교 교직원 버스에 들어가지도 않는 것을 교수들과 직원들의 눈총을 받아가면서 땀을 흘리며 들고 와서는 씌워놓던 일들, 검은 타마구를 손에 묻혀 가면서도 기쁨으로 아스타일을 붙이던 수많은 손길들을 지금도 잊을 수 없습니다. 헌금함을 만들겠다고 손에다 허옇게 본드를 묻히고 다녔던 당시 사찰집사였던 문육식 형제의 그 촌스러움이 그렇게 아름답게 기억될 수가 없었습니다.

아무것도 없는 예배당에서 예배를 드리기 위하여 학교에 의자를 신청하여, 창고에 쌓여 썩어가던 책상 60개를 얻어 곰팡이를 털어내고 닦아서 첫 예배를 드리던 일들이 하나의 아름다운 추억으로 남아 있습니다.

그달에 모였던 기독동문회 월례예배에서 대학교회의 사정을 말씀드려 동문들의 헌금으로 600여만 원이 되는 각종 기자재를 구입할 수가 있었습니다. 그리고 성가대원에게 가운을 입히고 싶은 마음으로 몇 개의 교회에서 쓰다 남은 가운을 얻어다가 세탁하고 햇빛에 말려 다려 입은 것도 또한 즐거움이었습니다. 그리고 성찬식을 하고 싶어 또 다른 교회 창고에 있던 쓰다 버린 성찬기를 얻어다가 구색을 갖추기도 했습니다. 드디어 1988년 5월 12일 오후 4시. 새 예배당에서 예배를 드리게 되었음을 감사하는 입당예배를 교수님들과 교직원, 학생들이 모여 드리게 되었습니다. 지금도 많은 비가 오면 비가 새지만 당시에는 해마다 여름이면 교회에 있는 모든 그릇들이 비 새는 곳을 찾아 뛰어다녀야 했습니다. 그래도 우리들이 예배드릴 수 있는 공간이 있다는 사실만으로도 감사했습니다. 1988년에는 그동안 있어 왔던 장로제도를 폐지하고 모두 집사직으로 바꾸어 이영형 집사를 비롯하여 13명의 집사가 임명이 되었고 총신대학원에 입학한 길형준 형제가 초대 교육전도사로 부임하게 되었습니다. 길형준 전도사와 함께 성장을 하였던 많은 선후배들이 처음에는 전도사님이라는 말을 도사님이라고 하면서 놀리기도 했지만 교회다운 체계를 차츰 갖추어 가게 되었습니다. 그 당시 집사는 이영형, 정소현, 황승미, 박숙경, 최문정, 안수현, 조정현, 김현아, 최득희, 박민희, 김미리, 이경선이었습니다. 당시 성가대는 이영형 집사가 지휘를 했는데 지금도 생각하면 많은 웃음을 머금게 하는 순간들이었습니다. 어떤 때는 성가대원들의 노래를 지휘가 따라가기도 하고 성가대원들이 지휘를 따라가기도 했습니다. 그래도 기도하면서 열심히 했습니다. 당시 주보를 보니 평균 출석 인원은 45명 정도였습니다. 방학 중에는 예배를 쉬기도 했습니다. 그 후 2학기가 되어 김영기, 김종석, 최승협, 김지연, 김향, 이근배, 김성희, 곽춘경, 김지영이 집사로 추가 임명이 되었습니다. 그래서 1989년도 2학기에는 집사가 22명이 되었습니다.

1990년에 들어서면서 더욱 부흥의 길을 걸어 지금은 38명의 집사가 우리 교회에서 봉사를 하고 있습니다. 1990년에는 이영형 형제가 총신대학원에 입학하게 되었고 군복무를 마친 후에 1991년 3월에 2대 교육전도사로 부임하게 되었습니다. 길 전도사님은 군복무 관계로 1991년 6월에 사임을 하시게 되었습니다. 성가대가 지금과 같은 체계를 갖추기까지는 많은 분들의 수고가 있었습니다. 이영형 전도사님 다음으로 황승미 자매가 지휘를 했고, 최득희 집사가 가끔 도와주었으며, 다음으로 최승찬 형제가 그리고 현재의 지휘자인 김문석 집사가 지휘를 하게 되었습니다.

그동안 진행되었던 여름수련회는 체험 수련회 때마다 우리의 삶에 중요하고도 아름다운 추억들로 새겨졌습니다. 언제까지나 간직하고 싶은 아름다움이 수련회가 열릴 때마다 있었습니다. 충무에서 가졌던 첫 번째 수련회- 그 찬양과 그 소나기같이 쏟아 부어졌던 하나님 사랑 이야기들, 지금도 기억에 생생한 나승태 집사와 최상구 집사의 투정, 새벽 2시에 취침하고도 새벽기도회를 참석하던 열정들이 지금도 우리의 가슴 속에 남아 있습니다. 그리고 홍천에서 가졌던 두 번에 걸친 수련회는 우리가 어느 곳에 거하더라도 늘 간직하고 싶은 최고의 이야기들이었습니다. 손수 말아 먹던 냉면의 맛과 설거지를 하겠다고 그릇을 죄다 우그려 먹은 이상석 집사와 그 일당들의 귀여운 객기는 우리를 마냥 즐겁게 하였고, 식당에서 매미 소리와 함께 나누던 디모데후서의 강해는 복음과 함께 고난을 받는 그리스도인의 삶을 우리의 가슴에 새기는 시간들이었습니다. 수련회가 끝나면 대학 강단에서 강의를 하는 저와 함께 시험지를 채점하던 일, 점수를 가르쳐주지 말라고 하면서 졸린 눈을 부비던 일, 유난히 풀 뽑기를 좋아하여 자매들에게 인기가 있었던 이근배 집사는 이미 어느 자매의 시선을 주목받아 지금 지애와 지현이를 열매로 맺었습니다. 다섯 차례 진행이 되어왔던 여름수련회는 우리가 어느 곳에서든지 어느 크리스천들에게나 얼마든지 자랑하고 싶은 그림 같은 순간들이었습니다. 안성 청룡 저수지옆 수양관에서 가졌던 세 번의 시간들은 언제나 그곳에 있고 싶은 천국의 작은 모형들이었습니다. 무섭게 쏟아붓는 소낙비에 저수지의 둑이 터질지도 모른다는 생각으로 밤을 지새우던 일, 늦게 오는 형제자매들을 마중나가 기다리던 기다림, 한 사람이 이렇게 소중한지를 체험하던 일들, 길이 어긋나 칠흑 같은 어둠을 뚫고 허리까지 차는 개울을 건너 엉엉 울면서 12시가 되어 찾아온 자매들의 모습은 하나의 거룩함이었습니다. 소리쳐 이 산 저산 골짝에서 목놓아 외쳐 부르던 그 이름 예수, 우리가 모일 때마다 한 번도 우리를 실망시키지 않았던 좋으신 하나님 아버지, 우리는 언제나 우리의 수련회에 사랑을 찾고 싶어하는 이들을 기꺼이 초대하기를 주저하지 않았습

니다.

또한 해마다 주님 오신 날 가졌던 성탄절 축제는 또 하나의 우리의 가슴을 설레이게 하는 기다림의 순간들이었습니다. 주님의 생일을 축하하는 성탄 축하 케이크를 가운데 두고 사랑하심에 감격하여 마냥 서서 울었던 일들, 주님의 이러한 사랑을 못내 채우지 못해 늘 미안함에 부끄러워했던 일, 서로에 대한 사랑의 고백이 생명으로 묻어나던 크리스마스 전야는 우리 삶의 실존을 다시 하나님의 사랑으로 확인하던 따뜻한 밤들이었습니다.

찬양예배, 그리고 밤을 새워 기도할 때마다 수없이 아름다운 간증들을 만들어냈던 하나님의 솜씨들, 그리고 매주 예배 시간마다 손수건을 꺼내야 했던 하나님의 살아계심은 우리 대학교회가 지금까지 있게 했던 하나님의 역사하심의 현장이었습니다. 하나둘씩 늘어가는 어린 생명들은 우리 대학교회의 커다란 약점을 메꾸어가는 보배 같은 존재들로 모두의 사랑을 받으며 무럭무럭 자라고 있습니다. 첫 졸업생이 직장을 구했다고 좋아했던 게 엊그제 같은데 지금은 직장 생활을 하는 이들이 30명을 넘어섰습니다. 고맙게도 그들은 열악한 환경 속에서도 꿋꿋하게 버티어냈고, 잘해내었고, 지금도 잘하고 있습니다. 몇 차례 도전을 하던 어느 집사님의 열매에 대한 소망은 우리 교회의 작은 소망이 되어 지금도 기도하고 있습니다. 우리는 언제부터인가 우리 하나하나의 문제가 우리 모두의 문제가 되어 있었고, 우리 모두의 기쁨과 아픔이 모두의 가슴에 남아 하나님 앞에 말하지 않을 수 없었습니다.

그때부터 우리는 그리스도 안에 새가족(New Family in Christ)이라고 부르기 시작했습니다. 부활절, 추수감사절 저녁 찬양예배 시간들은 우리들이 하나님 앞에서 모두 어린아이가 되어 하나님께 많은 감사를 드리던 날들로 언제나 가득한 웃음과 사랑을 우리에게 주었습니다. 3년 전부터 기도하던 교회 건축에 대한 소망들이 성령 안에서 다시금 서서히 불이 붙고 있습니다. 우리의 힘으로 해내고 싶은 갈망들이 생겨나고 있습니다. 또한 예수 마을(Jesus Town)에 대한 소망은 언제나 꺼지지 않는 영원한 생명의 불처럼 우리의 가슴속에 살아 있습니다. 지금 우리는 주일예배를 드리면서 성전 가득 채워진 하나님의 사람들의 모습을 서로 확인하면서 하나님께서 지금껏 우리 교회를 인도하셨음을 눈으로 보고 있습니다. 먼 곳을 마다하지 않고 달려오는, 산을 넘는 발걸음들이 하나둘 모여 오늘과 같은 그리스도의 몸을 이루게 하였습니다.

우리는 주 안에서 해내고야 말 것입니다. 우리의 학교에 하나님의 아름다운 교회를 지을 것입니다. 그리고 우리의 소망인 예수 마을을 통해서 제2의 하버드와 옥스퍼드를 이루어 갈 것입니다. 우리 중 아무도 많은 것을 갖고 있지 않습니다. 그러나 우리에게는 기도할 수 있는 가슴이 있습니다. 우리 교회는 많은 약한 곳이 있습니다. 그러나 주님은 우리를 통해서 이 모든 일들을 이루실 것을 확신합니다. 김요한 선교사님의 글썽이던 고백이 우리를 통해서 이루어지고 있습니다. 우리 교회는 힘들고 어려운 이웃들과 언제나 함께 가장 좋은 것으로 나눌 것입니다. 우리는 모두 다니엘이 되겠습니다. 그리고 사드락, 메삭, 아벳느고가 되어 이 사회와 캠퍼스에서 능력의 사람들이 될 것입니다.

그래서 우리는 다시 책상 앞에 앉고 있습니다. 그리고 새벽을 살고 밤을 살고 있습니다. 우리의 생명이 다하는 그 순간까지 우리는 우리와 함께하신 주님을 자랑하며 살고 싶습니다. 우리는 사방으로 우겨쌈을 당한다 할지라도 결코 망하지 않을 것입니다. 우리는 바울의 고백처럼 아무 것도 가진 것은 없지만 주 안에서 모든 것을 가진 자입니다. 우리는 결코 유명하지 않지만 주 안에서 최고의 사람들이 되어 최선의 삶을 살아갈 것입니다.

7살이 되도록 우리를 인도하시고 모든 일을 이루신 주님을 찬양합니다. 10살이 되던 해에 우리의 소망처럼 아름다운 예배당에서 주님을 예배할 수 있기를 소망합니다. 산을 넘는 자의 아름다운 발이 되어….

그렇습니다. 어서 빨리 10살이 되고 싶습니다.

건축헌금을
작정하다

건축헌금 작정을 위해 작정서를 만들었습니다. 하나님께 지혜를 구하는데 생명 같이 소중한 것을 드리게 해야겠다는 생각이 가득했습니다. 기도하는 중에 기본적인 한 구좌를 200만 원으로 하고 두 구좌, 세 구좌, 네 구좌, 그리고 기타 ( )만 원으로 만들었습니다. 그 후 몇 차례 더 건축헌금 작정을 했는데 할 때마다 조금씩 헌금 액수를 조정하기도 했습니다. 때로는 한 구좌를 100만 원으로 하기도 했고 또는 50만 원 혹은 액수를 정하지 않은 상태로 하기도 했습니다.

하나님의 몸된 교회를 짓는 것이므로 생명 같이 소중한 물질을 모으고 최선을 다한 정성을 모아야겠다는 생각으로 그리했습니다. 그리고 1993년 5월 첫 주일에 첫 번째 작정헌금을 하였습니다. 재정위원들이 건축헌금 작정서를 모아 저에게 주었습니다. 아마 교회 집사님들이 그 작정서를 들춰볼 엄두가 나지 않았나 봅니다. 그날 밤 방에 돌아가 책상 위에 30여 장 정도 되는 작정서 뭉치를 올려 놓았습니다. 저 또한 기도 없이는 도저히 들춰볼 엄두가 나지 않았습니다. 건축헌금 작정서를 제출한 대부분은 이제 겨우 대학을 졸업했거나 대학에 재학 중인 학생이었습니다. 그래서 10만 원 정도씩 참여하면 30명 정도 참여한 것이니 다해야 300만 원 정도나 되겠다는 상상이 되면서 공연한 불안감이 밀려왔습니다. 한편, 혹 이들이 정말 열정이 넘친 나머지 한 사람이 5구좌씩(1,000만 원) 작정을 하면 한 순간에 3억원이 작정될 수도 있지 않을까 생각도 들면서 입이 말랐습니다. 기도를 끝내고 작정서를 한 장씩 들추어 보기 시작했습니다. 옆 메모지에 작정 금액을 적어 내려가면서 말입니다. 그런데 참으로 놀랍게도 작정헌금을 한 모두가 최하 한 구좌를 작정해 주었고 어떤 이들은 3~4구좌씩을 작정해 주었습니다. 잘못 본 것이 아니길 바라면서 몇 번이고 헤아려 보았습니다. 그들 중에 1,000만 원을 작정한 이들도 몇 명 있었습니다. 헌금 작정서를 작정하기 전에 들려준 말씀에 감동을 받았는지 이런 헌신을 보여주었습니다. 한편으로 대학생이 이렇게 작정을 하고 어떻게 감당을 하려는 것인가 하는 생각이 들기도 했습니다. 하여튼 가능성을 본 것입니다. 되겠다는 생각에 가슴에 흥분이 넘쳐났습니다.

다음 주에 기독학생연합회 목요예배에서도 작정헌금을 했습니다. 이 목요예배 시간에도 대학교회에서 작정한 것과 같은 작정서를 나누어 주었습니다. 그들은 모두 학생들이었습니다. 그들 가운데 등록금을 내야 할 때가 되면 울면서 주님의 도우심을 구해야만 하는 절박한 형제자매들도 있었습니다. 그런데 놀랍게도 이런 재학생들이 한결같이 적어도 한 구좌씩을 작정했고 어떤 형제는 세 구좌를 그리고 심지어 다섯 구좌를 작정한 사람도 있었습니다. 당시 한 학기 등록금이 200만 원 정도였는데 대학생인 저들이 당시 등록금의 다섯 배 정도되는 1,000만 원을 작정을 한 겁니다. 저의 눈을 의심했지만 이후 그들은 작정한 것을 해내는 모습을 보였습니다. 이제까지는 대학교회 건축에 관한 것을 기도하면서 말로만 주고 받다가 이렇게 헌금을 작정하면서부터 구체화되기 시작했습니다.

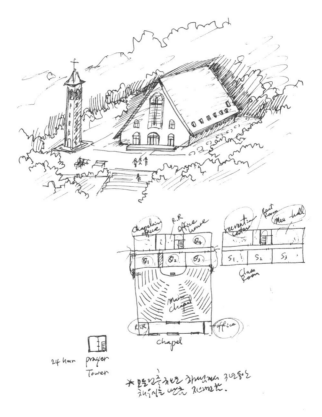

대학교회를 꿈꾸며 그렸던 스케치

중앙대학교 제2캠퍼스 대학교회 (Chapel)
건립헌금작성서

1차: 1993년 5월 - 1996년 6월
2차: 1995년 10월 - 1996년 10월

건립헌금작정서

건축헌금 작성서

건축헌금 작정서

건축헌금 작정서

건축위원회 구성과
기독동문회와의 협력

그해 가을에 건축위원회를 구성했습니다. 교직원 신우회의 회원으로 있는 교수, 직원과 대학교회 운영위원 집사 그리고 기독학생연합회 회장단에서 몇 명씩을 대표로 하여 구성하였습니다. 건축위원들에게 대학교회 건축에 필요한 예산액과 현재까지의 작정헌금 액수를 알려드리자 예상 외의 헌금이 작정이 된 것을 듣고는 가능성에 대한 신뢰를 보였습니다. 교직원신우회원 중의 한 분이신 건설대학 건축학과 이명재 교수는 자신이 잘 알고 있는 설계사무소에 의뢰하여 조감도를 그려오기도 했습니다.

설계도가 나오기 전 예상 조감도

이 조감도를 바탕으로 대학교회 건축을 알리는 첫 번째 브로슈어를 만들었습니다. 이렇게 만들어진 브로슈어를 교직원신우회와 대학교회, 그리고 기독학생연합회에 나누었습니다. 그리고 재학생 시절 대학교회 건축을 위해 눈물로 기도하던 동문들에게는 성탄축하예배 시간에 이 사실을 알렸습니다. 성탄예배 중의 한 순서인 기독학생연합회 사역을 보고하는 시간에 그날 참석한 100여 명의 동문들에게 돌발적으로 브로슈어를 나누어주었습니다. 이 돌발적인 행동은 기독동문회 임원들을 당황케했지만, 사전 협의를 거쳐서 이와 같은 행동을 해야 한다는 것을 알면서도 이렇게 한 나름대로의 사연이 있었습니다. 곧 사전 협의를 하면 1구좌를 200만 원으로 한 작정서를 나누어주지 못하게 할 것만 같았습니다. 그날 기독동문들에게 대학교회 건축에 관한 브로슈어와 작정서를 나누어 드리면서 정말 간절하게 눈물을 담은 호소를 하였습니다. 일부 젊은 동문들은 상당히 고무된 반응을 보인 반면에 연륜이 있는 동문 가운데 몇 분들은 상당한 우려의 입장을 나타내셨습니다. 그 이후 몇 차례 대학교회 건축 문제로 기독동문 임원회가 모였고, 기독동문회 자체적으로 건축위원회를 구성하여 적극적으로 대학교회 건축에 동참할 것을 결의하였습니다. 그리고 학교에서 구성한 건축위원회와는 별도로 기독동문회 이름으로 헌금 창구를 만들어 대학교회 건축에 협력하기로 결정하였습니다. 이렇게 몇 차례 기독동문 임원회가 모일 때마다 성탄축하예배 때에 나누어 준 헌금 작정서에 대한 이야기가 나왔습니다. 사회 경험이 많으신 어르신들의 기우 어린 충고였습니다. (나름 섬기시는 교회에서 겪으신 교회 건축 경험을 근거로 여러 조언들을 주셨습니다. 대부분 교회에서는 건축헌금 작정서를 작성할 때 기본적으로 한 구좌를 1만 원으로 한다고 말씀하시면서 이렇게 한 구좌를 200만 원으로 하는 경우는 없다고 충고를 해주셨습니다.)

연륜이 많은 선배들의 충고가 고맙기는 했지만 헌금 구좌 단위를 그렇게 정한 것은 하나님의 교회를 건축함에 있어 자신의 삶의 필요한 것을 쓰고 남은 것을 모아 드리기보다 자신의 삶의 모든 필요한 것을 포기하고 드려야 한다는 생각 때문이었습니다. 하나님의 교회는 자신의 생명같이 소중한 것을 모아 세워져야 한다는 생각을 포기할 수 없었습니다.

기독동문회에서 적극적으로 참여하기로 하고 기독동문들에게 자체적으로 제작한 헌금 작정서를 1,000여 명 기독동문들에게 발송을 하려는데 한 구좌가 1만 원으로 되어 있는 것을 보았습니다. 주님은 이러저러한 모습을 통해서 분명히 합력하여 선을 이루어 가실 것을 믿었습니다. 이렇게 기독동문회에 대학교회 건축이 확실히 알려졌기에, 학교에서 구성된 건축위원회 이름으로 기독동문 1,000여 명에게 대학교회 건축을 알리는 브로슈어와 처음 계획대로 한 구좌가 200만 원으로 적힌 헌금 작정서를 발송했습니다. 이렇게 브로슈어를 보낼 때마다 간절함을 담은 편지를

현재 사용 중인 교회

현재 예배당 사용현황

헌 금 방 법

건립 헌금에 대한 문의

중앙대학교 제2캠퍼스
채플 건립을 위한 안내

중앙대학교 제2캠퍼스 대학교회(CHAPEL)
건립추진위원회(가칭)

大

중앙대학교 제2캠퍼스 채플(CHAPEL) · 건립 조감도

편지와 함께 보낸 교회 건축 브로슈어

현재 사용중인 교회

중앙대학교 제2캠퍼스 채플 건립을 위한 안내

현재 예배당 사용현황

- 예배
- 성경공부
- 기도회
- 소그룹모임
- 기타

중앙대학교 제2캠퍼스 대학교회(CHAPEL)
건립추진위원회

중앙대학교 제2캠퍼스 대학교회(CHAPEL)
건립에 여러분을 초대합니다.

중앙대학교 제2캠퍼스 대학교회(Chapel)
건립에 여러분을 초대합니다.

그리움속에 기도가 살아납니다!

예배당 인으로 들어가기 불안습니다!

여러분의 이름으로 기념 예배당을 주님께 드리고 싶습니다.

예배당 입구 돌기에 여러분의 신앙을 새기고 싶습니다.

1995년 겨울에
모교에서 주 안에 평화가 된 아들과 목사 올림

함께 보낸 편지들

중앙대학교 제2캠퍼스 대학교회 (chapel) 건립에
여러분을 초대합니다.

동봉하여 기도하며 세 번 발송하였습니다.

  그러나 아무리 간절함을 담은 편지를 수없이 보낸다 할
지라도 마음을 움직이시는 이는 오직 성령 하나님이신 것
을 알기에, 주님 앞에 이 문제를 안고 온 대학교회 성도
들과 기독학생들이 간절함으로 수없이 기도하였습니다.

학교와 건축 문제를
다루기 시작하다

　하나님의 은혜와 도우심으로 이듬해 1994년 봄, 건축 헌금이 3,000만 원이 모였습니다. 이제는 구체적으로 학교와 대학교회 건축 문제를 다룰 때가 되었다고 생각하고는 건축위원회(교직원신우회, 교수성경연구회, 기독동문회, 대학교회가 연합한 위원회)와 기획실이 협의를 하기 시작하였습니다. 이렇게 협의가 있을 때마다 대학교회에서는 형제자매들이 모여 끊임없이 중보하였고 대학교회 교인들은 있는 곳에서 협의가 진행되는 시간에 일제히 마음을 모아 기도하였습니다.

하지만 협의가 시작된 처음부터 기획실에서는 부정적 반응을 보였습니다. 부정적으로 반응을 나타낸 이유는 우선 중앙대학교가 기독교 대학이 아니기 때문에 특정 종교(기독교)의 예배당(교회)을 학교 안에 건축한다고 하는 것은 다른 종교를 갖고 있는 사람들의 반발을 불러일으킬 수 있다고 하였습니다. 믿지 않는 사람이라면 얼마든지 주장할 수 있는 생각입니다. 그리고 만일 건축이 진행이 되면 수억 원의 건축비가 소요될 터인데 자칫 학교에 재정적 부담을 안겨줄 수 있음을 염려하였습니다. 이 두 가지 문제는 나름대로 비그리스도인의 시각으로만 보면 일리가 있어 반박하기가 쉽지 않은 문제였습니다. 그러나 이미 오래 전부터 기도해온 이 역사를 이런 문제로 인해 포기할 수는 없었습니다.

그래서 과거 중앙대학교의 역사를 살펴 기초 자료를 충분히 준비하고는 다시 만났습니다. 우선 중앙대학교가 교회로부터 시작된 것과 함께 설립자(임영신 박사-감리교 장로)의 설립이념 속에 기독교 정신이 담겨 있다는 것을 강조하였으며 이미 설립자의 후계자였던 전 재단 이사장(임철순 박사)의 의지와 함께 대학교회 기공예배를 드린 것

承堂 任永信博士 10주기 추도예배

17일 오전 10시 중앙동산 묘소에서
2캠퍼스 승당 기념예배당 기공식도

故 承堂 任永信박사 10주기 추도예배가 17일 오전10시 중앙동산의 고인묘소에서 있었다.
任祥淳이사장내외 유족들과 오병태총장을 비롯한 교수, 교직원, 동문, 한국부인회임원등 3백여명이 참석한 이날 예배는 新敎求교회의 사회로 보도, 찬송 기도와 신경봉독의 순서로 진행되었다.

이어 「매스터 코랄」의 추모의 노래후 장기천목사의 설교와 하범動 前국무총리의 추모사와 장목사의 축도로 예배를 모두 마쳤다.

한편 이날 예배가 끝난후 12시부터는 추도예배에 참석한 내외귀빈들이 제2캠퍼스 신축도서관옆에서 고 承堂 任永信박사 기념예배당 기공식을 가졌다.

新敎求교회의 사회로 진행된 기공식은 공사개요 보고및 축도에 이어 기공을 하고 끝마쳤다.

신기종 컴퓨터
전산센터에 日도

전자계산센터에 한국 후지쯔주식회사의 사장 나까무라씨가 FACOM M140F(12MB)의 새로운

○중앙동산에서 任永信박사 추도 예배후 분향을 하는 모습

1987.2.17. 대학교회 기공예배 보도 〈중대신문〉

(1983년)을 기사화한 〈중대신문〉을 준비하여 대학교회 건립의 당위성을 설명하였습니다.

그러자 기획실에서는 일단은 수긍을 하면서 반대하는 이유로 두 번째 문제를 내세우기 시작했습니다. 어떻게 수억 원대의 건축비를 충당하겠느냐는 것이었습니다.

재단과 학교운영 철저히 분리
교명·창학이념·교가·그대로 유지
1·2캠퍼스 분리않고 공동발전

김희수 재단 이사장 대담 보도 〈중대신문〉

그래서 당시 건축헌금으로 3,000만 원이 모인 통장을 제시하였고 작정헌금으로 3억 원 이상이 모여 있다는 것을 보여주었습니다. 그랬더니 너무도 어이없어 했습니다. 겨우 3,000만 원의 현금을 갖고 어떻게 7~8억 원이 들 것으로 예상되는 대학교회 건축을 시작하도록 학교에서 허락을 할 수 있겠느냐는 것이었습니다. 그래서 현재 통장에 들어 있는 현금은 3,000만 원이지만 작정한 헌금은 현금이나 마찬가지라고 했더니 그걸 어떻게 믿느냐고 되묻는 것이었습니다. 그래서 힘있게 강조하여 말했습니다. 그리스도인은 하나님 앞에서 작정한 것은 목숨을 걸고서라도 반드시 지켜내는 사람들이라 말입니다. 그러자 기획실장(권중달 교수)이 웃으면서 자신의 친구 중에도 목사를 비롯하여 그리스도인들이 몇 명 있는데 순 거짓말쟁이라고 하면서 빈정대듯이 대꾸를 하는 것이었습니다. 잘못하다가는 유치한 말싸움이 될 것 같아 마음속으로 계속 주님의 도우심을 간구하지 않을 수 없었습니다. 재차 작정한 헌금은 반드시 모일 것이며 기독동문들이 1,000명이 넘기 때문에 그들이 헌금을 하기 시작하면 7~8억 모금하는 것은 문제도 아니라고 강변하였습니다. 그러자 주님이 기획실장의 마음을 움직이셨는지 무조건 반대하던 것에서 변하여 몇 가지 대안을 제시하는 것이었습니다.

곧 현재 대학교회 건축을 위한 헌금이 얼마가 모였든지 일단 현금으로 총 건축비의 50퍼센트가 모금되는 시점을 대학교회 건축 시점으로 하자고 하는 것이었습니다. 또한

대학교회 건축을 위한 홍보/헌금모금 요원 활동 보고서

조: 성명: 일시: .   .

성 명	학과	학번	방문(전화) 자택,표시)	주소(시,구,동)	헌 금			기 타
					작 정	방 법	일 시	

대학교회 건축을 위한 홍보/헌금 모금이 시작되다.

건축비가 얼마가 되었든지 학교 교비에서는 한 푼도 지원할 수 없으니 학교에 재정적인 부담을 주지 않아야 한다는 것이었습니다.

흔쾌히 동의하고 기획실과 일단 협의는 마쳤습니다. 당장 현금 3,000만 원 밖에 없는 상황에서 이렇게 단호히 답을 한 스스로의 모습이 한편으로는 무모해 보였지만 다른 방도가 없었습니다. 아직 재단 이사장과 대학교회 건축에 대하여 논의조차 되지 않은 상황이었습니다. 일단 기획실장의 여러 조건이 달린 구두 허락을 받아내기는 했지만 모르긴 몰라도 기획실장은 재단 이사장이 허락해줄 리도 없고, 건축헌금이 모일 리도 없다고 생각하여 건축위원회의 요구를 무마할 생각인 것 같았습니다. 기획실장의 반응을 엘리야의 기도 중에 보았던 손바닥만 한 구름으로 보았습니다.

건축헌금을
모으기 위해

이제는 일단 건축헌금을 모금하는 일에 총력을 다해야 했습니다. 왜냐하면 대학교회 건축 문제를 갖고 다시 학교와 협의하기 위해서는 적어도 3~4억 원의 돈이 현금으로 통장에 있는 것을 제시할 수 있어야 했기 때문입니다.

1994년 여름, 기독학생연합회 형제자매 10여 명이 여름방학을 하자마자 2주 동안 합숙을 하였습니다. 기독동문 1,000여 명에게 일일이 전화하여 대학교회 건축을 알려드리고 대학교회 건축 홍보자료와 건축헌금 작정서를 발송하는 작업을 하기 위해서였습니다.

첫 주간은 10여 명의 형제자매들이 팀을 나누어 학번별로 기독동문들에게 홍보 작업을 하였는데, 거의 한 명의 형제가 100여 명의 동문을 맡아야 했습니다. 기독동문회에서 전해준 동문 주소록에 적힌 주소와 전화번호가 맞지 않는 것이 너무 많아 연락이 닿는 동문들에게 서로의 안부를 확인함으로 바뀐 주소와 전화번호를 새롭게 정리하기도 하였습니다.

합숙 장소는 빈집이었는데, 마침 목동의 한 연립주택에 사시던 누님(이정옥 권사)이 세입자가 없는 상태에서 다른 곳으로 이사를 가게 되어 생긴 공간이었습니다. 집주인에게 양해를 구하여 2주 동안 합숙을 하였습니다. 가재도구 하나 없는 빈집이었기에 침구는 물론 이동식 가스레인지와 밥그릇과 수저 그리고 화장지 등을 저의 집에서 날라다가 살았습니다.

물론 당시는 지금처럼 휴대폰도 대중화되지 않은 상태였기에 전화는 합숙 장소 주변에 있는 공중전화를 이용해야 했는데, 전화를 걸기 위해 온 다른 사람들을 배려하면서 하루 종일 공중전화 박스에서 틈틈이 전화 홍보 작업을 하였습니다. 무더운 여름날 이불 한 채 없는 빈집에서

동문 선배들에게 대학교회 건축을 알려드리고 싶은 간절한 열망으로 2주 동안 땀 흘려 수고를 하였습니다. 식사 때마다 밥상 하나 없이 신문을 바닥에 펼쳐 놓고는 간단한 몇 가지 반찬과 함께 식사를 하곤 했습니다.

둘째 주간은 전화를 드리면서 찾아뵙겠다고 약속을 드렸던 동문들을 일일이 방문해 직접 설명을 드리는 작업을 하였습니다. 이와 함께 대학교회 집사들은 자신들의 동기 동문들에게 대학교회 건축에 참여하도록 전화를 통해서 지속적으로 요청했습니다.

기독학생연합회 지도총무이신 최재선 교수께서도 이틀 동안 동문 10여 명을 직접 방문하여 대학교회 건축 상황을 알려주면서 함께 동참하도록 격려하였습니다. 그중 몇 명의 동문은 직접 헌금을 하기도 하고 또 몇 분은 헌금 작정서에 서명해 주시기도 했습니다. 이렇게 지속적인 홍보 작업으로 인하여 헌금 작정서와 헌금이 점점 늘어갔습니다.

친애하는 동문여러분 그동안 안녕하셨읍니까.

새해를 맞아 우리주님의 거룩하신 이름으로 문안 드립니다

수차에 걸쳐 모교 안성 캠퍼스에 대학교회를 건축하는 일에 관하여 이모양 저모양으로 말씀드린 바 있읍니다 만 서류으로 글을 올립니다.

주님의 크신 은혜와 도우심으로 안성 캠퍼스에 대학교회 건립 부지가 확정되었읍니다. 많은 재학생과 일부 교수님들 그리고 동문들의 협조와 기도로 3~4억원 정도의 모금이 약정되어 있고 또 속속 입금되고 있읍니다.

그러나 동문여러분의 기도와 협조가 없이는 교회 건축의 성역을 달성하기가 대단히 어렵다고 판단 되기에 기도중에 이글을 올립니다.

1~2 월중 재학생들이 찾아 뵙겠사오나 사랑으로 맞아 주시고 이 대사에 협조해 주시기 부탁 드립니다. 안성교목 이제훈 목사님과 저는 여러분의 헌신을 기대하며 또한 이로 인하여 축복 받으시도록 기도하겠읍니다

주안에서 평안하시기를 기도드립니다.

1996 년 1월 5일
중앙대학교 기독학생연합회의 지도총무 최 재선 올림

중앙대학교 기독학생연합회 최재선 지도총무의 동문에게 보내는 편지

2캠퍼스 출신
동문들과의 만남

　2캠퍼스 출신 기독동문들은 그들이 4년 동안 삶의 가장 소중한 시간을 보내었던 안성 캠퍼스에 그토록 사모하고 기도했던 대학교회 건축이 진행되고 있다는 소식을 듣고는 누구보다도 감격하고 흥분했습니다. 한번은 2캠퍼스 출신 동문들이 이 문제를 나누기 위해 고속버스 터미널 상가에 있는 어느 찻집에서 모임을 했습니다. 저는 많은 기대를 안고 그곳에 갔습니다. 저들은 여러 이야기꽃을 피우며 자신들의 예전 캠퍼스 생활을 추억하면서 즐거움을 나누고 있었습니다. 그리고 모임이 거의 끝나갈 무렵에서야 대학교회 건축에 관한 소식을 꺼내는 것이었습니다. 아쉬운 마음이 가득했습니다. 정작 대학교회 건축에 관한 소식을 듣고 어떻게 하면 적극적으로 참여할 수 있을까를 고민하기 위해 모인다고 해놓고는 정작 만나서 자신들의 삶의 이야기만 실컷 하다가 자리가 끝날 때쯤 되니 저에게 예의상 시간을 준 것 같아서 마음이 좋지 않았습니다. 그러나 이렇게라도 대학교회 건축을 알릴 수 있는 기회를 주신 것을 감사하면서 말을 꺼내었습니다. 저는 이렇게 말했습니다.

"여러분들이 학교에 다닐 때 안성캠퍼스에 대학교회가 있게 해달라고 주님께 많이 기도했다는 것을 나는 들었습니다. 내가 1987년 가을에 안성캠퍼스에 교목으로 내려와 사역을 하기 전부터 여러분의 79학번 선배들로부터 시작하여 80, 81학번에 이르기까지 대학교회 건축을 꿈꾸면서 산(山)기도를 했다는 이야기도 들었습니다. 여러분이 얼마나 기도를 세게 했는지 제가 89년 곧 안성캠퍼스에서 사역을 시작한 지 두 해가 되던 해에 저도 모르게 대학교회 몇 명 안 되는 제직들 앞에서 1996년에 대학교회를 새롭게 짓고 입당예배를 드리겠다는 말을 선언해버렸습니다.

여러분은 모두 이미 기독동문회를 통해 대학교회 건축에 관한 것을 들었을 것입니다. 그런데 아직까지 여러분 중의 대부분은 구체적인 행동을 보이지 않고 있습니다. 많은 분들이 방관자로 있습니다. 왜 여러분이 기도한 것에 대하여 책임을 지려고 하지 않습니까? 여러분의 기도로 인하여 제가 얼떨결에 현장, 곧 중앙대학교 안성캠퍼스에서 대학교회 건축을 책임지는 선봉에 섰는데 여러분은 기도는 해놓고 기도한 것이 이제 이루어지려고 하는데 왜 행동으로 옮기지 않습니까? 바로 지금 대학교회 건축이 저에게 너무도 커다란 부담이 되어 있는데 여러분의 기도 때문에 그렇게 되었으니 책임지십시오. 기도는 삶에 구체적인 헌신이 동반되어야 하는 것이지 단지 말로만 하는 것은 아닙니다. 오래간만에 만난 여러분에게 억지로 짐을 지우려는 것은 아닙니다. 하나님은 하나님의 사람들의 생명같이 소중한 것들로 하나님의 교회를 세워가실 것입니다. 여러분이 아니더라도 하나님은 하시려고 하는 일을 누구를 통해서라도 반드시 이루실 것입니다. 기도로 돕겠다고만 하지 마시고 이제 여러분이 기도한 것이 구체적으로 응답되고 있으니 여러분의 헌신을 보여주십시오." 간절한 호소였습니다.

　그러자 조금 전까지 옛정을 나누면서 정감 어린 대화를 나누던 분위기는 어디 가고 그곳에 모인 50여 명의 동문들 사이에 팽팽한 긴장감만 가득한 모습이 되고 말았습니다. 그런데 이렇게 간절히 호소하면서 기대를 했지만 역시 사람은 아니었습니다. 그렇게 만나 간절히 호소하면 마음에 감동을 받아 헌금을 많이 작정할 줄 알았는데 기대한 만큼 결과가 나타나지는 않았습니다. 오히려 기독학생연합회 목요예배 시간에 대학교회 건축에 대해 간단히 설명을 하고는 재학생들이 작정하던 것에 못 미쳤습니다. 대학교회가 서야 할 캠퍼스 현장에 그들이 있지 않은 영향일 겁니다. 그래도 몇 명의 동문들은 재차 저를 중심으로 모임을 가졌고 그중 한 형제가 자신의 사무실로 초대하여 다섯 구좌의 헌금을 작정해주었습니다.

　그해 겨울이 되어 기독동문회 성탄감사예배를 모교 대학원 강당에서 드렸습니다. 이미 대학교회 건축은 모든 동문들이 알고 있는 일이었습니다. 동문들에게 모교의 소식을 전하는 시간에 어김없이 그간의 대학교회 건축 진행에

건축헌금 입금/예정 현황

작성일 : 96. 3. 19.

기간	입금총액	누계
현재(96년 3월 13일)	1억 3천만원	1억 3천만원
- 96년 8월	1억 8천 3백만원	3억 1천 3백만원
- 96년 12월	6천 9백만원	3억 8천 2백만원
- 97년 8월	4천 8백만원	4억 3천만원

중앙대학교 제2캠퍼스 대학교회 건축 위원회

대한 보고가 있었고 그와 함께 동문들의 참여를 촉구하는 간절한 내용의 편지를 또 읽어드렸습니다. 예배가 끝나고 2캠퍼스 출신인 어느 형제가 반색을 하면서 "목사님, 대학교회 건축을 하신다면서요. 저는 도통 못 들었습니다. 오늘 처음 들었습니다. 정말 큰일을 하십니다."라고 인사를 하는 것이었습니다. 제가 "자네도 좀 참여를 해야지."라고 했더니 그 형제가 "아무렴요. 당연하지요. 그럼 저는 어느 정도 참여하면 좋겠습니까?" 라고 되묻기에 형제의 얼굴을 보면서 "자네 정도의 그릇이라면 1,000만 원은 해야지."라고 했습니다. 이제 사회생활한 지 3~4년 밖에 안 된 애송이 동문에게 이렇게 말하면 대부분 "목사님 지금 농담하십니까?"라고 반응을 할 터인데 그 형제는 이렇게 말을 했습니다. "목사님 제가 그 정도의 그릇입니까? 그럼 해야지요." 형제의 선선한 답에 저도 놀랐습니다.

이렇게 대학교회 건축을 위한 헌금 작정은 기독동문들을 비롯하여 학교에서는 교직원신우회(1,2캠)와 교수선교회(1캠), 교수성경연구회(2캠)에서 그리고 대학교회와 기독학생연합회에서 그 수를 더해갔습니다. 하나님께서 그들의 마음에 감동을 주시어서 헌금 작정서를 보내온 것입니다. 기막힌 일이었습니다.

1996년 봄까지 헌금 작정서를 보내준 교수, 직원, 동문, 학생이 모두 240명이었고 이때 이미 헌금 작정액은 5억을 넘어섰습니다.

학교와의 두 번째
건축 문제 협의

　건축헌금 작정서와 현금이 모아지면서 좀 더 구체적으로 학교와 대학교회 건축에 관한 사항을 협의할 필요를 느끼고 건축위원회에서는 학교에 구체적인 허락을 받기로 하였습니다. 학교로부터 구체적인 허락을 받아야 실제적인 계획을 세울 수 있기 때문에 이제는 때가 되었다는 생각으로 기획실장, 부총장, 재단 상임이사, 총장과 면담을 했습니다. 기획실장은 1994년에 나름대로 건축위원회 진행 상황에 맞추어 학교에서도 협력하기로 하였기에 여전히 부정적이긴 했지만 크게 충돌이 없었습니다. 총장도 적극적으로 호응을 보였는데 이상하게도 재단 상임이사는 건축위원들이 제출한 보고서를 거들떠보지도 않고 원론적인 이야기만 들먹이면서 계속 불가하다는 입장을 고수했습니다. 곧, 중앙대학교는 기독교 대학이 아니기 때문에 대학 안에 교회를 세우는 것은 종교다원주의 사회에서 올바른 것이 아니라고 오히려 건축위원들을 설득했습니다.

재단 이사장의 허락을 받아야 하는데 재단 상임이사가 이렇게 부정적인 생각을 굽히지 않으며 이사장에게 가는 길을 막고 있었습니다. 도저히 말이 통하지 않았습니다. 그래서 어떻게 해서든지 이사장을 직접 만나 허락을 받아내야겠다는 생각을 하게 되었습니다. 그런데 재단 이사장(김희수 박사)은 주로 일본에 거처를 두고 있기에 어쩌다 학교에 일이 있어 한국으로 오셔도 학교에 출근을 하면 산더미 같이 쌓인 일들을 처리하느라 만나기가 거의 불가능했습니다. 더욱이 이사장실로 가는 길목에 상임이사실을 거쳐야 했기에 몇 차례 이사장과의 면담을 요청하였으나 상임이사실에서 차단하여 무산되고 말았습니다.

이사장의
허락을 받아내다

　　그러나 어떻게 해서든지 이사장을 만나서 허락을 받아야지만 모든 일이 진행이 될 것이기에 계속 기도하면서 기회를 엿보고 있었습니다. 1996년 겨울, 대학 졸업식을 비롯하여 여러 부속 학교들의 졸업이 있어 이사장이 귀국을 하였습니다. 학교에 있는 이사장실의 동향을 살피다가 이사장이 시청 앞에 있는 재단 수익사업 기관인 금정상호신용금고 사무실에 간다는 정보를 입수하고 건축위원 중의 한 분인 방희석 교수(사회과학대학 무역학과)와 함께 비슷한 시간대에 그곳으로 갔습니다. 예상한 대로 이사장은 그곳에서 몇 가지 업무를 처리하고 약간의 시간적 여유가 있어서 드디어 고대하던 면담이 이루어졌습니다.

대학교회 건축 관계로 찾아왔다는 사실을 알려드리자 이사장은 학교에 대학교회 건축에 관해 반대하는 사람들이 많다고 말하였습니다. 이사장이 이미 학교에서 대학교회 건축에 관하여 보고는 받았으나 부정적인 생각을 갖고 있는 이를 통해서 보고받았기에 잘못된 정보가 제공되었겠다는 생각이 들었습니다. 천금같이 귀한 기회가 주어졌기에 정말 간절한 마음을 담아 몇 가지 대학교회 건립의 당위성을 설명했습니다.

우선, 안성 캠퍼스에 있는 8,000명의 학생들에게 영혼의 안식처가 필요하다는 것을 강조했습니다. 강의실은 훌륭하고 학교 조경 시설은 세계 어느 대학과 견주어도 뒤떨어지지 않지만, 저들의 영혼은 방황하여 밤마다 내리(內里)는 술과 싸움으로 얼룩지고 있으며 하루도 경찰이 긴급출동하지 않는 날이 없을 정도라고 알려드렸습니다.

그리고 현재 대학교회는 가건물에 있는데 매일 아침마다 20여 명의 학생들이 학교와 이사장, 총장과 교수, 직원, 학생을 위해서 기도하고 있다고 말했습니다. 그러자 이사장은 매우 놀라워하면서 정말인가를 되물었습니다. 믿지 못하시겠거든 직접 와서 보시라고 하자 너무 놀란 나머지 오히려 감동을 받은 표정이셨습니다. 이사장의 마음을 움직인 가장 결정적인 것이 바로 아침기도회에 관한 것을 알려 드릴 때였던 것으로 보입니다.

이사장은 잠시 생각을 하시더니 이렇게 말을 했습니다. "하시오."

이 한마디 말은 곧 중앙대학교 안에 대학교회를 지어도 좋다는 허락이었습니다. 이제껏 보아왔던 이사장은 빈말을 하지 않는 것으로 알고 있기에 이 말 한마디는 곧 도장을 찍은 것과 다를 바 없었습니다. 너무도 기쁜 마음이 넘쳤습니다. 이사장은 곧이어 몇 마디 당부의 말을 하였습니다.

유럽의 교회를 예로 들면서 교회당은 멋지게 지어 놓았는데 예배당이 텅텅 비어 있어 보기에 좋지 않았다는 말과 함께 저에게 물었습니다. "교회를 지어놓고 예배당이 텅텅 비게 하지 않을 자신이 있소?" 저는 "예. 자신 있습니다. 결코 예배당을 비워놓지 않고 학생들로 가득 채우겠습니다."라고 답을 했습니다. 그리고 또 한 가지 덧

붙여 이렇게 말씀을 하시더군요. "대학교회 건축을 반대하는 사람들이 많아 학교 교비에서 건축비를 지원할 수 없으니 학교에 재정 부담을 주지 않고 끝낼 수 있겠소?" "예. 한 푼도 부담 드리지 않고 끝내겠습니다."

"그러면, 하시오"

이 한마디를 듣기 위해서 지난 몇 년 동안 가슴을 졸이며 대학교회 건축 가능 여부를 안고, 그 숱한 날들을 울어야 했다니, 오히려 허전한 마음까지 들었습니다. 옆에 함께 앉아 있던 방희석 교수도 이제는 되었다고 하면서 무척 기쁜 표정이었습니다. 이사장에게 기도를 해드리겠다고 하자 예, 예, 하시면서 고개를 숙이셨습니다. 마음에 감격이 가득하여서, 이 일을 이루시는 하나님으로 인해 교회 건축을 허락한 이사장을 위하여 기도하는 시간이니 얼마나 감격스럽게 기도하였겠습니까? 수 분에 걸친 간절한 축복의 기도가 끝나자 똑똑히 들을 수 있는 소리로 이사장은 "아멘"이라고 응대를 했습니다. 금정 사무실을 나와 곧바로 서울캠퍼스에 있는 대학교회로 갔습니다. 오후 수업이 끝나지 않은 시간이었기에 교회는 비어 있었습니다.

이젠 돌이킬 수 없는
강을 건너다

지난 수 년간 바로 이 순간을 위해 마음을 졸이면서 기도해온 일들이 주마등처럼 머리를 스치고 지나갑니다. '이제는 정말 되는 건가'라는 생각을 하니 가슴이 터질 것 같은 감격이 머리털 한 올 한 올을 틀어쥐어 올리듯이 머리 끝으로 치솟는 것을 느낄 수 있었습니다. 그런데 하나님의 역사하심에 감사하다는 말씀을 드리자마자 마음 한쪽에서 조금 전 감격을 잠재우려는 듯이 순식간에 묘한 감정이 일었습니다. 그것은 바로 '두려움'이었습니다.

바로 이제까지 힘들고 어려울 때, 돌이키고 싶을 때 핑

계의 끈으로 붙잡았던 그 끈이 날아가버린 것입니다. 그 끈은 '학교에서 허락하지 않기에 할 수 없어.'라는 끈입니다. 그러나 이제 돌이킬 수 없는 강을 건넌 것입니다. 하나님의 사람 여호수아의 심정이 가슴 가득 밀려왔습니다. 이스라엘 백성을 이끌고 요단강을 마른 땅으로 걸어서 건넌 후에, 백성이 다 건너자 다시 요단강이 요란한 소리를 내면서 도도히 흐르는 것을 보았을 때 심정 말입니다. 이제는 돌아갈 수 없습니다. 아무리 힘들고 어려워도 이제는 앞으로만 가야 하는 절체절명의 순간에 선 것입니다. '과연 이사장님 앞에서 그렇게 단호히 대답한 것을 지켜낼 수 있을까'라는 두려움이 마음에 가득했습니다. 물론 하나님이 함께 하심으로 이 모든 것이 이루어진다는 것을 알면서도 그 순간만큼은 이상하리만치 두려운 마음이, 이사장님의 허락으로 인한 감격을 짓누르고 있었습니다. 기도할 수밖에 없었습니다. 용기를 구했습니다. 결코 형제자매들과 교우들 앞에 두려움을 드러내지 않고 설 수 있도록 담대함을 구했습니다.

이사장이 이렇게 구두로 허락을 하자 행정적인 일은 비교적 빠르게 진행이 되었습니다. 그런데 건축위원 가운데

한 교수를 통해서 들은 바로는 대학교회 건축이 이사장의
지시에 의해서 진행이 된 것에 대해 학교 행정 책임자들
이 매우 불쾌해하더라는 후문이 있었습니다. 그러나 건축
위원회에서 처음부터 그들을 소외시켜 불쾌하게 하려고
한 것이 결코 아니었습니다. 그들은 대학교회 건축을 근
본적으로 동의하고 싶지 않았기에 행정적 진행에 전혀 협
조적이지 않았고, 우리도 어쩔수 없어 그러한 것입니다.

어디에 대학교회를 지을 것인가?
그리고 부지가 결정되다

이제 대학교회를 학교 어느 곳에 짓느냐 하는 문제가 수면 위로 떠올랐습니다. 현 재단으로 바뀌기 전 재단(임철순 재단)에서 대학교회 건축 기공예배를 드린 신문 기사와 자료를 살펴보니 학교 가장 중앙(현재 대학본부가 있는 맞은 편 야산 앞)에 세우기로 되어 있었습니다. 그래서 그 기사와 자료를 가지고 그곳에 대학교회를 세우면 어떻겠냐고 학교에 제안했더니 거의 경기(驚氣)를 일으키는 반응을 보였습니다. 그래서 학교 연못이 바라 보이는 야트막한 야산에 교회를 세우면 좋겠다고 후보지를 선정하여 올렸더니 그곳은 추후에 학교에서 다른 계획(당시에는 야산이었고 현재 국악대학이 세워져 있다.)이 있을 수도 있으니 불가능하다는 답이 돌아왔습니다. 대학교회와 기독학생연합회에서는 그곳이 대학교회 부지가 될지도 모른다는 생각을 가지고 여러 날 동안 밤마다 그곳에 가서 땅 밟기 기도회를 했는데 무산되고 말았습니다. 학교에 후보지를 몇 군데 정해 달라고 하자 가건물이 있는 조소과 실기동 건너편에 100여 평의 평평한 곳과 경사가 있는 자투리땅을 1차 후보지로 선정을 해주었습니다. 그리고 2차 후보지로는 가정대 뒤편 야산 위(현재는 3차 교수회관이 들어서 있다.)를, 3차 후보지로는 건설대 옆 야산 중턱을 일러주었습니다. 저는 학교에서 후보지로 정해준 곳을 기도하며 돌아다니면서 하나님의 거룩한 집을 세우는 일이니 하나님께서 거룩케 한 땅을 속히 보여주시기를 기도했습니다. 1차 후보지로 선정해준 곳은 바로 가건물 교회 옆이었기에 주일마다 대학교회 교우들이 수풀을 뚫고 땅밟기 기도회를 여러 차례 했습니다. 그런데 그곳에 교회를 짓는다면 구부러진 길 바로 옆에 교회를 지어야 하기에 주일학교 어린아이들의 교통사고 위험이 매우 클 것 같아 걱정이 되었습니다.

2차 후보지는 비록 가정대 건물에 가려 있고 음악대학 건물에 가까이 있어 소음이 있다는 단점은 있지만 아늑하고 아름다운 야산에 있어 그곳에 교회가 세워져도 좋겠다는 생각을 했습니다. 3차 후보지는 뭔가 의도된 후보지처럼 보였습니다. 곧 대학교회를 학교 변두리에 세우게 해야겠다는 의도 말입니다. 다소 언짢은 마음이 있었지만 그곳은 다른 후보지와는 달리 매우 양지바른 땅이었기에 변두리로 치우친 것만 빼고는 그곳도 괜찮은 것 같

다는 생각을 갖고 건설대 주변을 빙빙 돌면서 기도를 했습니다.

　몇 주 후에 건축위원회에서는 가정대 뒤편을 1차로, 건설대 옆을 2차로, 가건물 교회 옆 자투리땅을 3차 후보지로 선정하여 학교의 결정을 기다렸는데 학교에서는 계속 아무런 답을 주지 않다가 갑자기 세 군데 모두 안 된다고 알려왔습니다. 세 군데 모두 학교에서 나름대로 장기적인 계획을 갖고 사용할 수 있으니 안 된다는 것이었습니다.

후보지를 알려줄 때에 사전에 충분히 숙고하여 제시할 것이지 이렇게 사람의 진을 빼듯이 해놓고는 이제와서 안 된다고 하니 기가 막혔습니다.

또다시 다른 후보지를 선정해 줄 것을 기다릴 수밖에 없었습니다. 그러자 학교에서 지금 대학교회가 세워져 있는 땅을 알려주었습니다. 사회과학대 뒤편 야산이었습니다. 평소 학교가 어떻게 생겼나를 알아보기 위해 산책을 할 때 한두 번 밟아보았던 야산이었습니다. 즉시로 달려가 보았습니다. 당시만 하더라도 학교 부지 경계가 명확하게 표시되지 않았던 때였습니다. 이렇게 사회과학대학이라는 8층 건물 뒤편 땅에 대학교회를 짓게 하려는 의도가 무엇인지 정확히 알 수는 없으나 다분히 대학교회를 보이지 않는 변두리에 두고 싶어 한다는 것을 엿볼 수 있었습니다.

야산 위로 올라가니 제법 평평한 땅이 200여 평 있었습니다. 그리고 주변에 3,000평 정도 되는 숲이 있었습니다. 주변을 살펴보니 당시 겨울이었기에 나무마다 잎이 없어서 학교 모든 건물이 한눈에 들어왔고 안성시내에서부터 멀리는 경부고속국도까지도 눈에 들어왔습니다. 무릎을

꿇고 하나님께 감사의 기도를 드렸습니다. 하나님이 예비하신 땅이며, 감추어 놓았던 비밀의 땅이라고 고백하면서 한참을 감격의 눈물과 함께 기도를 드렸습니다.

며칠 뒤 시설과에서 그 야산에다가 '대학교회 신축부지'라고 쓴 몇 개의 팻말을 설치해 놓았습니다. 그것을 보는 순간 너무 기쁜 나머지 눈물이 핑 돌았습니다. 이렇게 하나님께서 대학교회 건축을 구체적으로 이루어 가시는 모습을 보면서 저도 모르게 눈물을 보인 것입니다.

그런데 당시 학교에서는 학교 부지를 표시하기 위해 학교를 둘러 펜스를 설치하는 작업을 하고 있었습니다. 얼마 뒤에 '대학교회 신축 부지'라고 쓰인 팻말이 있는 야산에도 학교 경계를 표시하는 펜스를 설치했는데 너무도 기가 막혔습니다. 제가 감격하며 올라 기도하던 야산 위의 야트막하면서도 평평한 그 땅은 학교 땅이 아니었고, 학교 땅 곧 대학교회를 짓도록 한 땅은 경사가 15도 정도 되는, 도저히 건물이 들어설 수 없을 것같은, 소위 쓸모없는 땅이었습니다. 학교 부지와 개인 땅의 경계를 구분한 펜스가 둘러쳐진 모습을 보면서 저런 땅에 어떻게 하나님의 교회가 들어설 수 있겠는가를 생각하니 속상한 마음이 있었습니다. 그래도 땅의 모습을 자세히 살피면서 요리조리 뜯어보았습니다. 그리고 어떻게 하면 교회가 들어설 수 있을까를 생각하며 여러모로 구상을 해보았습니다. 그런 저의 마음 가운데 대학교회를 학교 안에 짓도록 허락받은 것에 대한 감사와 함께 해도 해도 너무한다는 속상한 마음이 엇갈려 괜한 우울함도 있었습니다.

그럼에도 주일예배를 마치고 교우들과 함께 현장에서 예배를 드리고 감사의 기도를 드렸습니다.

대학교회 교우들과 신축 부지에서 드린 감사 예배

건축 설계 작업
–"기도 많이 하셔야겠네요"

이제 부지가 결정이 되어 설계 작업에 들어가게 되었습니다. 그동안 모인 건축헌금 보고와 동시에 건축 설계업자를 선정하는 문제를 학교와 협의하였습니다. 그리고 이미 학교의 여러 건물을 설계한 Y 설계사무소를 통해서 학교 시설과에서 설계 문제를 진행하기 시작하였습니다. 두어 달에 걸쳐 1차 설계가 끝났고 또다시 두어 달에 걸쳐 1차 설계한 도면을 검토하였습니다.

저도 설계도면을 여러 날 밤을 세워가면서 이리저리 살펴보고 궁리를 하였습니다. 건축학을 공부한 것은 아니지만 공학 출신이기에 설계에 대한 공간 개념은 있어 꼼꼼히 살폈고, 회의로 모일 때마다 여러 의견을 개진을 하곤 했습니다.

일단 1차 설계안을 수용하는 것으로 의견을 모으고 부분적인 수정 작업을 계속하기로 했습니다. 문제는 '얼마의 건축비가 드느냐'는 것이었는데, 이 부분이 가장 촉각을 세우는 문제였습니다. 시설과에서 이 문제를 가지고 잠시 이야기를 나눌 때 불신자인 실무자 한 분이 "목사님, 기도 많이 하셔야겠네요."라고 말을 합니다. 아마 그분도 이렇게 어려운 일은, 기도하면 하나님께서 문제를 해결해 주실 수 있을 것이라는 것을 주위의 그리스도인들로부터 들었나 봅니다. 대학교회 건축을 진행하면서 그분을 자주 만났습니다. 하나님이 그분에게 주신 좋은 기회라는 생각을 갖고 예수님을 믿을 것을 수차례 권면을 했더니 아내가 신앙생활을 하고 있다고 실토를 하면서 아내도 예수 믿으라고 반 강요를 하고 있다고 고백을 하기도 했습니다.

시설과에서 1차 설계도를 검토하면서 적어도 8~9억 원은 들겠다고 했습니다. 가슴이 철렁 내려앉았습니다.

왜냐하면 그때 현금도 아니고, 순전히 작정된 헌금액이 5억을 갓 넘어섰기 때문입니다. 작정한 헌금이 100퍼센트 들어온다 해도 8~9억 원에는 턱없이 모자랐습니다. 이런 말을 들을 때마다 기획실장과 이사장 앞에서 단호히 확언한 것이 마음에 커다란 부담으로 다가왔습니다. 이런 단순한 숫자의 비교만으로 볼 때에 사실 아무런 대책도 방법도 없었습니다. 지금 생각해보면 매우 무모한 일을 벌이고 있었던 것입니다.

1차 설계도를 갖고 건축위원회와 설계를 검토하는 모임을 가질 때마다 여러 의견들이 오고 갔습니다. 그런데 의견들을 모으고 수렴하는 과정에서 좀 더 나은 건물을 짓고 싶은 마음이 커졌습니다. 세부적으로 조정을 하는 과정에서 사람들이 이렇게 말을 했습니다. "건축위원장님이 컴퍼스를 갖고 설계도에 선을 한 번 그을 때마다 건축비가 1억원씩 늘어갑니다." 건축위원장은 건축학과 원로교수(김덕재 교수)로 설계도를 꼼꼼히 살피면서 자와 컴퍼스를 들고 수정안을 제시를 하였는데 1차 설계도에서 그렇게 변경하여 새로운

설계를 진행하며 그려진 대학교회 조감도

모양으로 건물을 짓게 되면 건축비가 그만큼 많이 들어가게 된다는 말이었습니다. 정말 아름답고 예쁜 예배당을 짓고 싶은데 늘어가는 예상 건축비 앞에서 군침만 삼켜야 했습니다. 두 달 정도 설계도를 살피고 확정하는 회의를 했습니다. 그리고 또다시, 두 달 정도 시간을 갖고 설계사무소에서 최종안을 만들어갔습니다.

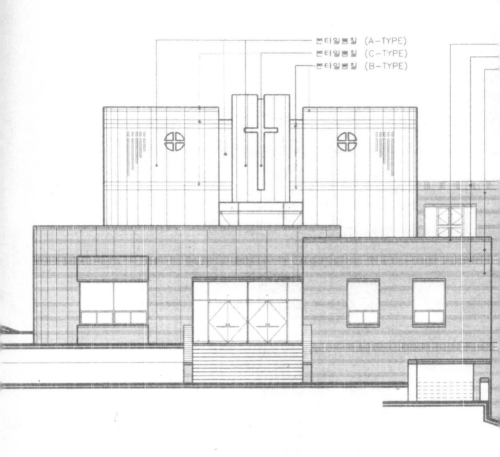

본타일뿜칠 (A-TYPE)
본타일뿜칠 (C-TYPE)
본타일뿜칠 (B-TYPE)

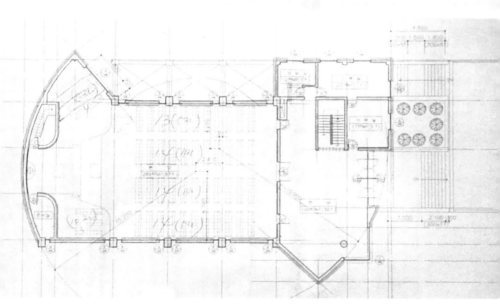

중앙대학교회
건축을 시작하다

시공사
선정을 위하여

    설계가 완성되자 이제는 시공사를 선정하는 문제가 새롭게 부상했습니다. 학교 시설과에서 염두에 둔 건축회사가 있는가를 건축위원회에 물어왔고 이제부터는 시공사를 선정하는 문제로 고심을 해야 했습니다. 대학에 들어와서 사역을 하기 전에 섬겼던 교회가 새롭게 건축을 마친 것을 알고는 그 건축회사를 소개받았습니다. 적어 준 전화번호를 통해서 찾아갔더니 공인중개사 사무실 같이 조그마한 사무실에 나이가 꽤 들어보이는 할아버지 두 분이 앉아 있었습니다. 모 교회 장로라고 되어 있는 명함을 받았고 교회 건축에 관한 것을 이야기하자 반색을 하면서 여러 이야기를 해주는데 이상하게도 신뢰가 가지 않았습니다.

이런 분들이 어떻게 그렇게 큰 교회(800평 정도되는 예배당-종로소재 옥인교회)를 지었는지 이해가 되지 않았습니다. 건축업의 생태에 대하여 생소하였기 때문에 그들이 다른 영세 건축업자에게 다시 하청에 하청을 주면서 건축 일을 한다는 사실은 한참 후에야 알았습니다. 도저히 이런 시공사는 학교에서 계약 당사자로 인정하지 않을 것 같아 돌아나왔습니다. 학교에서는 이미 몇개의 건물을 지었고 당시에도 학교에 건물을 짓고 있는 S건설에게 맡겼으면 하는 눈치를 은근히 주었습니다. 기공예배 당시에 이사장이 그 건축회사를 언급하기도 했습니다.

드디어
기공예배를

참으로 감사하게도 건축헌금이 현금으로 3억원을 넘어
섰습니다. 그러자 학교에서도 대학교회 건축에 대하여 어
느 정도 신뢰를 하게 되었고 기공식(기공예배)을 거론하기
시작하였습니다. 처음 계획으로는 학교 개교기념식을 전
후해서 하려고 하였으나 몇 가지 준비 관계로 두 주간이
늦어져 1996년 10월 21일 토요일 오후에 기공예배를 드
리게 되었습니다. 기공예배를 드리기 며칠 전부터 날씨
가 매우 좋지 않았습니다. 가을이었는데도 초겨울 같은
쌀쌀함이 있었고 장마 때처럼 비가 월요일부터 계속되어

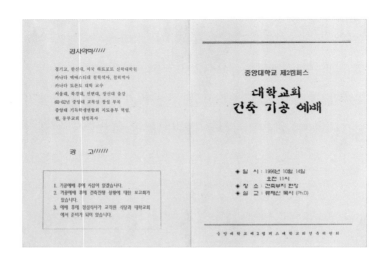

기도를 많이 했습니다. 이사장과 총장을 비롯하여 초청
장 2,000장을 이미 발송을 하였기에 미룰 수도 없었습니
다. 토요일 새벽에 일찍 일어나 창문을 열어보니 놀랍게
도 아주 맑은 날씨의 징조가 하늘에 가득했습니다. 그날
은 하루 종일 예년의 날씨로 회복되어 야외에서 예배 드
리기에 너무도 쾌적한 날씨였습니다. 예배에 참석하여 축
사를 해주셨던 고 김희수 이사장께서 기쁨에 겨워 이렇게
말씀을 하셨습니다.

"하나님께서 대학교회 건축을 축복해주시는 것 같습니
다. 며칠 동안 춥기도 하고 비도 와서 날씨가 좋지 않았는

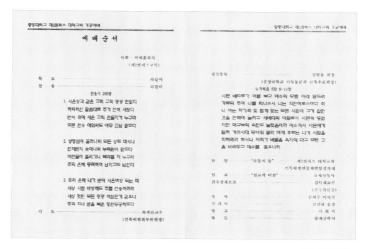

기공예배 주보

데 오늘은 날씨가 너무 좋은 것을 보니 하나님의 축복을 볼 수 있습니다."라고 말입니다.

축사 중에 그날 기공예배에 참석하여 회중석에 앉아 있던 S건설 사장을 앞으로 불러내더니 "저렴한 가격에 든든히 지어줄 수 있느냐?"고 묻기도 하셨고 그 사장에게 다짐을 받기도 하여 재단과 학교에서는 S건설에 이 건축을 맡기고 싶어 한다는 것을 짐작할 수 있었습니다.

기공예배는 공식적으로 대학교회 건축을 학교 모든 구성원들에게 선포하는 시간이었기에 너무도 귀한 시간이었습니다. 교직원신우회에서 많은 회원들이 함께하였고

1996년 10월 13일 중앙대학교회 건축 기공예배

교수성경연구회 회원들도 함께하였고, 기독동문회에서도 많은 동문들이 함께하여 하나님께서 대사(大事)를 행하시고 계심을 지켜보았습니다. 설계사무소에서 그려온 조감도를 앞에 놓고 이사장에게 건축에 대한 설명을 드리자 대학교회 출입문이 북향으로 되어 있는 것을 보시고는 어떻게 해서든지 남향으로 지을 것을 말씀하셨습니다. 그러자 상임이사가 이 건물은 교회이기 때문에 건물의 방향은 그리 중요하지 않다고 이사장에게 말하는데, 교회 건축을 근본적으로 부정하던 분이 그렇게 말하는 모습을 보면서 속으로는 얼마나 속상할까를 생각하니 웃음이 나오기도 했습니다. 이렇게 기공예배를 드렸으니 이제는 좀 더 구체화된 것입니다. 이제까지 과연 이 일이 이루어질까를 수없이 되묻곤 하였는데 이렇게 하나님께서 이루어가시는 모습을 구체적으로 보여주시니 이 대학교회 건축이 반드시 이루어지겠다는 믿음이 현실화하기 시작하였습니다. 믿음을 갖고 시작은 했지만 힘들고 어려울 때마다 의심을 하곤 했었는데 하나님은 우리의 작은 믿음을 통해서 크신 일을 이루어가고 계셨던 것입니다.

건설회사 선정을
마무리하고

　기공예배를 드리고 나자 건축헌금은 가속도가 붙어 계속 늘어갔습니다. 그래도 시설과에서 추정한 건축비에는 어림도 없었습니다. 문제는 저렴하면서도 견고히 지을 수 있는 건설회사를 만나는 일이었습니다. 기공예배가 끝나고 몇 주 후에 S건설회사를 찾아갔습니다. S건설회사는 이미 중앙대학교의 많은 일을 하고 있었기에 반색을 하면서 맞았습니다. 대학교회 건축에 대한 개요와 들고 간 설계도면을 보여주면서 헌금으로 건축을 하는 것이니 최대한 값을 저렴하게 해주었으면 좋겠다고 하였습니다. 사장이 실무자와 몇 마디 주고 받더니 좀 더 구체적으로 살펴보아야 확정된 금액을 알 수 있겠지만, 설계도를 언뜻 살펴 본 바에 의하면 8억 2,000만 원 이하는 불가능하다는 말을 하였습니다. 사실 지난 기공예배 시간에 이사장이 특별히 대중 앞에 불러내어 단단히 부탁을 하였기에 정말 저렴하게 가격을 부를 줄 알았는데 예상외로 비싸게 말해 적잖이 당황을 했습니다. 현금은커녕 작정된 헌금액도 8억 원에는 어림도 없었습니다. 아무리 사정을 해도 도저히 그 가격 이하는 안 되겠다는 말을 듣고 S건설회사는 아닌 것 같다는 생각을 하면서 주님의 도움심을 구하기 시작했습니다.

얼마 후에 기독동문 장로님 한 분이 자신이 잘 알고 있는 건설회사 사장이 있는데 그 장로님이 섬기는 교회를 잘 지었다고 하면서 그 교회가 그 해 건축상을 받기도 했다는 말을 전해주었습니다. 사장이 장로라는 말에 호감을 갖고 소개받은 전화번호를 통해서 P건설회사를 찾아갔습니다. 그 장로님은 대학교회 건축에 관한 소상한 이야기를 듣고는 매우 감동을 받은 것 같았습니다. 그 표정대로라면 그냥이라도 지어줄 것 같아 속으로 여러 기막힌 상상을 다 해보았습니다. "목사님, 목사님의 이야기를 듣고 보니 너무 감동적입니다. 학생들이 그렇게 헌신해서 교회를 짓고 싶어 한다는데 제가 교회를 지어 학교에 기부하겠습니다. 걱정 마십시오. 제가 장로 아닙니까."

이런 상상을 한다는 것이 한편 우습기도 했지만 그 장로님은 여러 차례 식사를 함께 하면서 정말 상당한 호감을 표했습니다. 그러나 정작 건축비 이야기가 나오자 현실적이 되었습니다. 커다란 빌딩 두 개 층을 쓸 정도의 건설회사였는데 S건설과 마찬가지로 8억 1,000만 원을 제시하는 것이었습니다. 그러자 저는 매우 실망을 했고 사장인 장로님이 저의 표정을 보더니 며칠 뒤에 다시 만나서 이야기를 해보자고 하여, 약간의 여지를 남기고 사무실을 나왔습니다. 정말 앞이 캄캄했습니다. 그래도 믿을 만한 건설회사 두 곳을 통해서 알아본 결과 적어도 8억 원은 있어야 된다는 것을 확인한 것이 소득이라면 소득이었습니다. 당시 5억 조금 더 되는 작정헌금과 현금으로는 3억 8,000만 원 정도가 있었는데 8억 원이라니 도저히 길이 보이지 않았습니다. 어느 주일은 정말 우스운 생각이 들기도 했습니다. 교인들 전부가 금식 철야 기도를 하고 복권을 사면 어떨까 하는 생각이었습니다. '하나님께서 이런 방법으로 문제를 풀어가시지는 않을까'라는 정말 우스꽝스러운 생각이었지요. 며칠 뒤에 P건설회사를 재차 찾아갔습니다. 전보다 더 간절하게 사정을 이야기했습니다. 그러자 사장 장로님이 7억 원으로 가격 조정을 하는 것이었습니다. 며칠 만에 1억 1,000만 원을 깎아 줬으니 너무 감사하여 입으로 연실 감사를 표하면서도, 속으로 '잘만 하면 더 깎을 수 있겠다'고 생각을 하고는 장로님에게 죄송하다고 말을 하며 1,000만 원만 더 조정해달라고 하였습니다. 그러자 사장 장로님의 표정이 조금 흔들리면서 한참을 생각하더니 "그렇게 하시죠. 뭐"라고 마지못해 답변하는 것이었습니다. 조금 전처럼 입으로 연실 감사하다고 말하면서 속으로는 '1,000만 원을 깎아달라고 한 것이 영 체면이 안 서지만 그 한 번 창피한 것으로 200만 원 구좌 5개를 얻었다.'라고 소리치고 있었습니다. 그렇게 P건설회사에서 6억 9,000만 원에 건축을 할 수 있다고 답을 받은 것입니다. 당시 헌금 상황으로 볼 때에 만만한 비용이 아니었지만 6억 9,000만 원까지 조정이 된 것만으로도 너무 감사했습니다. 학교에서는 건축허가를 받아야 하니 빨리 건설회사를 선정하라고 언질을 주었습니다. 그래서 몇 개 건설회사를 섭외하고 있다고 하며 견적 금액을 알려주자 그 정도 들 것이라고 조언을 해주었습니다. 바로 그때, 교회 전도사로 있던 S전도사가 자신의 친척 가운데 건설회사를 경영하는 분(후에 서류를 보면 D토건주식회사 이사로 등재되어 있었음)이 있는데 대학교회 건축 이야기를 했더니 저렴하게 잘 지을 수 있다고 하여 구체적으로 견적을 받아오라고 했습니다. 그랬더니 원래는 7억 4,000만 원 정도 들어야 하나 6억 2,000만 원에 지을 수 있다고 견적을 내왔습니다. 눈이 밝아졌습니다. 이게 웬일인가 싶어 직접 만나 정말 그 가격에 잘 지을 수 있는지를 확인하였는데 너무도 확신 있게 말을 하는 것이었습니다. 관련 서류를 요구하자 문제없이 준비하여 보여주었습니다. 문제가 없음을 확인하고는 학교에 건설회사 선정에 관한 서류를 작성하여 보냈습니다. 그래서 학교에서 추천한 S건설과, 6억 9,000만 원까지 네고를 한 P건설과, 6억 2,000만 원에 견적을 낸 D토건주식회사 세 곳을 추천하면서 시공비 예산을 고려하여 D토건주식회사가 선정되면 좋겠다는 공문을 보냈습니다. 실무를 맡은 시설과 실무진들은 D토건회사를 크게 우려하며 과연 이 가격에 제대로 건축을 마무리 할 수 있겠는가를 되물으면서 회사와 관련되어 첨부된 서류를 꼼꼼히 살폈습니다. 건설회사의 생리를 잘 알고 있는 실무자들은 너무 걱정스런 표정이었습니다. 실무자들의 이런 모습이 내심 걱정이 되기도 했지만 건축비가 저렴한 D토건주식회사로 결정이 되면 좋겠다는 마음에는 영향을 주지 못했습니다. 결국 학교에서는 건축위원회가 원하는 대로 D토건주식회사로 선정을 했고, D토건주식회사와 중앙대학교 재단은 대학교회 건축을 위한 계약을 체결하게 되었습니다.

계약을 하기 전에 기획실과 시설과 실무진에서는 건축위원회에 건축공사비 6억 2,000만 원에 대한 지불이행 보증각서를 요구하여 건축위원장, 부위원장, 회계를 맡은 교수들과 고문을 맡은 저와 D토건주식회사 사장이 서명을 한 각서를 총장에게 제출하였습니다. 학교에서는 이런 각서를 통해서 매사에 빈틈없이 안전하게 일을 진행하려고 했겠지만 막상 지불이행각서에 서명을 하는 교수들과 저는 다시는 빠져나올 수 없는 어떤 코너에 몰리는 느낌을 지울 수 없었습니다.

이렇게 건축회사가 결정이 된 후 안성시에 건축허가를

신청하였고, 1997년 2월 12일에 건축허가가 나와서 건축을 위한 준비가 거의 끝나게 되었습니다. 계약을 체결하면서 공사대금 지불에 관한 구체적인 계약을 했습니다. 건축위원회에서 학교에 지정기부를 하면 학교의 발전기금사무국에서 건축위원회의 요청에 따라 회계과를 통해서 건설회사에 공사대금을 지불하는 방식이었습니다. 그리고 6억 2,000만 원에 대한 총공사비에서 계약 당시에 30퍼센트를 선지급하고 추후 지급은 공사의 진척 상황에 따라 같은 방식으로 지급하기로 결정하였습니다. 이 결정에 따라 1차 지정기부금으로 1억 8,600만 원의 발전기금을 사무국에 지정 기탁하였는데 모인 헌금으로 이렇게 큰 액수를 공사대금으로 내놓을 수 있다는 사실만으로도 흥분을 감추지 못했었습니다.

건축이 시작되다
– 이해할 수 없는 일들

열흘 정도가 지나자 D토건주식회사에서 건축자재를 싣고 왔습니다. 커다란 10톤 트럭 두 대로 거푸집을 잔뜩 싣고 왔고 잠시 후에 현장사무실이라고 하면서 컨테이너 박스를 싣고 왔습니다. 그런데 거푸집을 싣고 온 두 명이 사장이라고 인사를 하는데 하나같이 얼굴 표정이 선하지 않았습니다. 뭔가 싸우러 온 사람들처럼 보여 '건축업을 하는 사람들의 표정은 전부 저런가 보다' 라고 생각하였습니다. 그리고 이상하게도 처음 소개를 받았던 S전도사의 친척인 그 Y사장이 아니었습니다. 도대체 내막이

어찌된 일인지 알 수가 없었습니다. 현장소장이라고 소개한 K소장은 인상이 후덕하여 조금은 안심이 되었지만 풀리지 않는 의문점들이 하나 둘 불거지기 시작하였습니다.

며칠 뒤에 여러 대의 굴삭기가 들어와 산에 잡목을 제거하면서 터를 고르기 시작하였습니다. 처음에는 터를 고르면서 상당량의 흙을 학교 다른 곳으로 실어내려고 했으나 경사진 야산 아래편으로 흙을 밀어내면서 교회를 건축하려고 한 부지 옆에 꽤 넓은 뜰이 만들어지기 시작했습니다. 그러자 학교 시설과 실무진과 협의하여 흙을 밖으로 실어내는 것을 수정해 교회 옆에 뜰을 조성하기로 하고는 터파기를 계속했습니다. 그러자 점점 더 넓은 뜰이 만들어졌습니다. 우리는 지금 그 뜰을 '아름다운 땅'이라고 부르고 있습니다. 처음에는 계획하지 않은 땅이었는데 하나님이 우리에게 덤으로 주신 뜰입니다. 터파기를 하기 전에 토질 조사를 하였는데 터파기에 상당한 어려움이 예상되는 토질로 결과가 나왔습니다. 곧 교회 건물을 앉히려는 대지 전체가 커다란 바위 위에 있는 것으로 드러났습니다. 즉 교회 밑이 전부 바위였던 것입니다. 그래서 터파기에 예상보다 두 배 이상의 시간이 소요되었습니다.

터파기가 진행되면서 한 떼의 사람들이 연장을 가지고 몰려왔습니다. 목수들과 그 보조자들이었습니다. 설계도 모양대로 터파기가 완료되자 이들은 미리 준비한 여러 모양의 거푸집을 짜 맞추면서 기초공사를 위한 준비를 하였습니다. 철근은 또 다른 사람들이 몰려들어 진행하였고, 기초와 정화조, 거푸집 공사가 끝나자 파란색 레미콘 차들이 몰려와서 콘크리트 타설을 하였습니다.

너무 공사가 순조롭게 진행이 되어 오히려 불안할 정도였습니다. 왜냐하면 교회를 건축한 분들의 이야기를 들어보면 건축업자들로 인해 많은 고생을 했다고 하셨기 때문입니다. 이렇게 순조롭게 진행되는 것이 흡사 폭풍 전야같은 느낌이었습니다. 게다가 마음이 놓이지 않은 것은 자신이 D토건주식회사의 사장이라고 하면서 또 다른 사람(L사장)이 나타났다는 것입니다. 처음 거푸집을 싣고 왔던 두 명의 사장도 아니고 또한 Y사장도 아니었습니다. 완전히 엉뚱한 사람이 나타났는데 바로 이 L사장이 계약서에 대표로 있는 당사자였던 것입니다. 그렇다면 맨 처음 나타났던 두 명의 사장은 누구이며, Y사장은 또 누구인가 싶었습니다. 한 가지 분명한 것은 처음에 거푸집을 신고 왔던 두 명이 Y사장과 서로 잘 아는 것은 분명한데 D토건주식회사 L사장과는 전혀 안면이 없다는 것이었습니다. 그리고 D토건주식회사 L사장이 나타나자 Y사장은 얼굴을 나타내지 않았고 처음에 거푸집을 신고 왔던 두 명이 Y사장을 욕하는 것을 들을 수 있었습니다. 그리고 그 두 명도 전과는 달리 가끔 현장에 나타나서 몇 마디의 욕을 하고는 저에게 인사도 하지 않고 그냥 가버리곤 했습니다.

콘크리트 타설을 한 지 두 주일이 지나도록 목수들이 나타나질 않습니다. 현장소장인 K씨 혼자서만 현장을 지키고 있습니다. 어느 주일엔 완전히 낯선 두 사람이 처음 거푸집을 신고 왔던 두 사장을 만날 수 있는가를 물어왔습니다. 마구 그들을 욕하면서 말입니다. 잦은 봄비에 타설된 콘크리트 위로 나와 있는 철근이 서서히 녹이 슬기 시작하였습니다. 현장소장 K씨에게 왜 공사가 진행이 안 되는가를 물어도 자기도 잘 모르겠다는 답답한 대답만 할 뿐이었습니다. 이렇게 답답한 시간이 한 주 두 주 계속 흘러만 갔습니다. '이래서 교회를 짓는 목사님들이 속이 다 탄다고 하셨구나'라는 생각이 들었습니다. 매일 같이 틈이 날 때마다 건축 현장에 와보지만 때로는 현장소장마저 자리를 비운 때가 많았습니다. 아무도 없는 현장에 우두커니 서서 녹이 슨 철근을 바라보면서 안타까운 마음을 가져야 했습니다. 도대체 일이 왜 이렇게 진행이 되지 않는 건가?

마침 울산에 있는 친구 목사(문용남 목사.한마음교회)가 대학교회보다 3개월 정도 늦게 교회 건축을 시작했는데 여름에 울산에 가서 보니 대학교회보다 훨씬 많이 공사가 진척이 된 것을 볼 수 있었습니다. 학교와 건설회사가 계약을 한 것이라 마음대로 건설업자를 바꿀 수도 없는 상황이었기에 더 답답했습니다. 그러나 대학교회보다 빠른 속도로 건축이 진행되던 울산에 있는 교회는 제가 다녀온 지 얼마 후에 공사가 중단되어 많은 우여곡절을 겪었고, 대학교회보다 5년이나 늦은 2003년 봄에야 완공이 되었습니다. 어쩌면 초기에 공사가 지연된 것이 차라리 다행이었다는 생각도 드는 이유입니다.

그러나 이런 다행스러움 뒤에는 참으로 기막힌 일이 있었습니다. 3개월 정도 공사가 중단이 되었는데, 처음 거푸집을 싣고 왔던 두 명이 무슨 연고인지 자신들의 승용차를 공사현장 진입로에 세워놓아 다른 공사를 전혀 할 수 없게 만들어놓았습니다. 그리고 D토건주식회사의 L사장이 트럭에 건축자재를 직접 싣고 와서는 그 두 명의 그러한 행동에 대하여 마구 비난하는 욕을 합니다. 도대체 건축업자들 안에서 무슨 일이 벌어지고 있는 건지 알 수는 없었지만 공사 현장이 이렇게 3개월 동안 중단되어 있는 것을 본다는 것은 너무도 힘든 일이었습니다. 학교 실무진들은 이럴 줄 알았다는 표정들이고 건축위원회와 학교에 D토건주식회사를 소개한 저는 중간에서 참으로 곤란한 처지에 놓이게 되었습니다.

인부들의 행패

갑자기 대학본부에서 난리가 났다고 연락이 왔습니다. 바로 대학교회 현장에서 일하던 목수들이 대학본부에 쳐들어가서 총장실 집기를 발로 걷어차고 대학본부 건물 안에 있는 여러 부서 사람들에게 욕을 하면서 행패를 부리고 있다는 것이었습니다. 연락을 받고 본부 건물로 뛰어가고 있는 저는 얼마나 난감하고 놀랐는지 다리가 풀려 제대로 뛰어가지도 못할 정도였습니다.

'이게 웬 난리인가?' 공사는 벌써 3개월째 중단이 되어 기가 막힌데 업친 데 덮친 격으로 대학본부에서 인부들이 왜 난동을 부리는가? 대학본부에 있는 직원들이 이 문제를 얼마나 구설수에 올릴까를 생각하니 앞이 캄캄했습니다. 다른 공사 현장의 인부들도 아닌 대학교회 건축 현장에서 공사하던 인부들이 그랬다니 더욱 황망했습니다. 시설과 사무실로 뛰어갔더니 총장실에서의 난동은 직원들의 제지로 중단된 것으로 보였으나 본부 건물 중간에 몇 명이 서서 상스러운 욕을 하면서 중앙대학교 험담을 하고 있었습니다. 사무실 안에는 시설과 직원들이 기막힌 표정을 하고 있고 D토건주식회사의 사장도 와있었습니다. 술에 취해 마구 욕을 하며 행패를 부렸던 사람들을 보니 대학교회 현장에서 두어 달 전에 거푸집을 세우면서 일하던 목수와 그 조수들이었습니다. 사연을 들어보니 일한 임금을 받지 못했다는 것입니다. 이들의 말을 듣자 조금 전보다 더욱 기가 막혔습니다. 분명 학교에서는 D토건주식회사가 계약 당시에 제시한 통장에 총공사비의 30퍼센트를 회계과를 통해 입금을 했기 때문입니다. 학교에서는 공사 착수금으로 총공사비의 30퍼센트를 이미 지급한 상태이고 터파기부터 시작해 기초 공사를 한 인부들은 임금을 못받았다고 행패를 부리는데 D토건주식회사 L사장은 경찰에 고소를 해 행패를 부리는 인부들을 입건시키라고

만 할 뿐 자신은 아무런 조치를 취하지 않고 있는 이 상황이 너무 어처구니없었습니다. 인부들에게 어떻게든 조치를 취하겠다고 약속을 하고는 간신히 상황을 진정시켰지만 그동안 뭔가 이상했던 느낌이 이렇게까지 심각한 문제로 불거질 줄은 몰랐습니다. 며칠 뒤 처음 거푸집을 싣고 왔던 두 명의 사장이 직접 찾아왔습니다. 그러면서 Y사장이 병원에 입원해 있다는 것과 자신들이 공사대금을 받지 못하면 인부들이 앞으로 무슨 일을 벌이게 될지 자신들도 장담을 할 수 없다는 반 협박조의 말을 하는 것이었습니다. 그래서 도대체 어떻게 이런 일이 생길 수 있는가를 처음 거푸집을 싣고 온 그 두 명을 통해서 사연을 들어보았으나 이해가 잘 되지 않는 부분은 학교 실무진들이 설명을 해주었습니다.

공사 인부들이 임금을 받지 못했다고 행패를 부릴 때 D토건주식회사 이사로 등재된 Y사장이 대학교회 공사를 수주를 하고는 또 다른 건축업자와 하청 계약을 했을 것이라는 겁니다. 곧 Y사장이 D토건주식회사의 명의를 갖고 학교와 공사비 6억 2,000만 원에 계약을 맺고는 처음 거푸집을 싣고 온 두 명의 사장들과 5,000만 원을 제한 5

억 7,000만 원에 재계약을 했던 것입니다. 이렇게 총공사비의 30퍼센트인 1차 기성금액인 1억 8,600만 원에서 5,000만 원을 제한 1억 3,600만 원만 D토건주식회사에 실제 입금이 된 것입니다. 이런 상황으로 볼 때 사실 D토건주식회사는 명의만 도용이 되었을 뿐 실제 공사는 처음에 거푸집을 싣고 온 두 명의 사장이 하게 되어 있었던 것입니다. 곧 그 목수팀은 인천에 소재를 둔 이름도 알 수 없는 두 명의 사장에 의해 대학교회 공사 현장에 투입이 되어 일을 한 것이었습니다. 그런데 D토건주식회사에서는 자신들의 통장으로 1억 3,600만 원이 입금되자 그 회사의 이사인 Y사장이 수주하여 온 대학교회 현장을 자신들이 접수를 하여 공사를 진행하기로 하고 D토건주식회사의 L사장이 직접 나서서 대학교회 현장에 직접 뛰어들었던 것입니다. 이렇게 되자 Y사장을 통해서 하청 계약을 맺은 인천에서 온 두 명의 사장은 한 푼도 받을 수 없는 상태가 되었습니다. 이런 행패가 있고 나서 D토건주식회사에서 그들에게 적절한 금액을 지불하고 수개월에 걸친 지루한 싸움은 끝이 났습니다.

중앙대학교회 건축 진행

중앙대학교회 건축 진행

비교적
순탄하게

　이런 와중에 3개월 여만에 공사가 겨우 재개되었습니다. 3개월 동안 대학교회 공사가 중단되었었기에 학교 건축 실무진들이 철근이 녹슨 것에 대한 안전 점검을 했고 별 이상 없음을 확인한 후에 공사가 재개되었습니다. 지난 기초공사에 투입되었던 목수들이 아닌 새로운 목수팀이 와서 한동안 작업을 하기 시작했습니다. 그리고 현장 소장도 바뀌었는데 지난 번 소장보다 거칠어 상대하기가 매우 힘들었습니다. 그런데 웬일인지 새로 와서 며칠 일하던 목수팀이 갑자기 사라져버렸고 이전 기초공사를 하다가 임금을 받지 못해 대학본부에서 행패를 부리던 사람 중에 몇 사람은 빠졌지만 그 팀장과 몇몇의 사람들이 다시 건축 현장에 투입되어 일을 하고 있었습니다. 도대체 무슨 일이 그 안에서 돌아가는지를 알 도리가 없었습니다. 그리고 현장소장은 예전의 K소장이 다시 몇 주 만에 왔습니다. 공사는 비교적 순조롭게 진행이 되었습니다. 주일에는 하루라도 빨리 공사를 진척시키고 싶은 마음으로 대학교회 교인들 가운데 형제들이 자원하여 공사 현장에서 거푸집이나 건축자재를 옮기는 일은 같이 하기도 했습니다. 그중에서도 S전도사는 현장소장 못지않게 건축 현장을 지키면서 많은 수고를 하여 대학교회 건축에 큰 몫을 감당하였습니다.

2월말 거푸집이 대학교회 건축 현장에 처음 들어오던 날부터 하루도 거르지 않고 틈만 나면 건축 현장에 있었기에 저는 얼굴이 검게 탄 흑인처럼 되어갔고 기미가 하도 심하여 오랫동안 알고 지내던 교수들이 저를 몰라보곤 했습니다. 머리카락도 뭉텅뭉텅 빠지고 있었습니다. 스트레스로 인한 부작용이었습니다.

참으로 감사하게도 1차 기성고를 학교에 지정 기탁하

던 날부터 공사가 진행되는 상황에 따라 2, 3, 4차 기성고를 지불하기로 했는데 단 한 번도 학교에서 요구한 날짜를 맞추지 못한 적이 없었다는 것입니다. 공사를 시작할 때 3억 원이 조금 더 되는 현금이 있었는데 공사가 진행이 되면서 정확히 기성고를 맞추어 낼 수 있도록 헌금이 모였습니다. 건축헌금을 작정한 분들은 매주일 한곳에 모여 예배를 드리는 같은 교회 교인도 아니었습니다. 단지 건축을 알리는 편지를 세 번 발송하였고 계속 기도를 할 뿐이었습니다. 편지 발송 작업을 할 때마다 봉투에 안내 홍보자료를 담으면서도 기도하면서 그 일을 감당하였고 특히 발송하기 전 그 편지에 손을 얹고 간절한 마음으로 통성으로 기도를 하기도 했습니다. 일일이 그들을 만나 헌금 작정을 요구하거나 작정한 헌금을 감당하도록 격려할 수도 없는 상황이었습니다. 그저 기도로 작성한 간절함을 담은 편지를 보내고 주님을 바라보며 기다릴 수밖에 없는 상황이었습니다. 그런데 하나님은 참으로 놀라운 일들을 하셨습니다.

기막힌
사연들

　어느 형제는 한구좌(200만 원)를 작정하고 간절한 마음
으로 기도하며 공부하여 성적 장학금을 타고서는 집에서
준비하여 준 등록금에서 헌금을 감당하기도 했습니다. 어
느 형제는 1,000만 원을 작정해서 그 형제가 너무 감정에
치우친 것은 아닌가를 염려했었는데, 1,000만 원을 감당
하기 위해 신문을 돌리거나 우유 배달 아르바이트를 하여
헌금을 채워가는 모습을 볼 수 있었습니다. 결국 그 형제
는 졸업한 이후에 직장생활을 하면서 1,000만 원을 완납
했습니다. 어느 자매는 편지봉투에 만 원권으로 200만 원

을 담아 건축헌금으로 가져왔습니다. 그러면서 헌금에 대한 사연을 말하는 것이었습니다. 1993년도에 건축헌금을 작정하고는 계속 이 핑계 저 핑계로 한푼도 감당하지 못하였었답니다. 그런데 그 자매가 가지고 있던 2,000만 원 상당의 바이올린을 지하철에서 잃어버렸다는 겁니다. 바이올린을 잃어버리자 건축헌금을 작정해놓고 계속 무관심하게 미루어온 것이 생각이 나더라는 겁니다. 그래서 기도를 했답니다. 바이올린을 찾게 해주신다면 바이올린 값의 십일조를 드리겠다고 기도했답니다. 곧 정확하게 작정한 한 구좌(200만 원)였던 것이지요. 신기하게도 그 다음 날 바이올린을 다시 찾게 되었답니다. 그래서 미루면 딴 마음이 들까 봐 은행에 가서 신권으로 바꾸어 200만 원을 봉투에 담아 왔습니다.

또 다른 자매의 이야기도 있습니다. 그 자매도 건축헌금을 작정하기는 했는데 200만 원이라는 돈이 결코 적은 돈이 아니기에 계속 미루고 있었답니다. 그런데 방학 때 집에 내려가서 낮잠을 자며 쉬고 있는데 갑자기 동네 사람들이 "불이야!"라고 소리치더라는 겁니다. 그래서 이 자매가 놀라 밖에 나가보니 거센 바람이 불고 있었고 옆

집이 화염에 쌓여 있더라는 겁니다. 소방차가 오려면 적어도 10여 분은 걸릴 터인데 이렇게 바람이 부는 상태면 자기의 집까지 번져올 것이 뻔했답니다. 그런데 순간적으로 건축헌금 작정한 것이 생각이 나더라는 겁니다. 그래서 우리 집에 불이 번져오지 않도록 하나님께서 지켜주시면 작정한 헌금을 감당하겠다고 기도했답니다. 그랬더니 바람이 현저하게 잦아들어 불이 그 집에서 더 이상 번지지 않고 소방차가 와서 불이 소화가 되었답니다. 기도드린 대로 자매는 헌금을 하나님께 드렸습니다.

헌금을 작정한 형제자매들 중에 어떤 이는 헌금을 직접 들고 와서 저에게 전해주기도 했습니다. 그런데 100만 원을 들고 온 형제자매를 보내면서 한편으로는 감사하기도 했지만 한편으로는 기막힌 마음도 있었습니다. 왜냐하면 형제자매들이 그 100만 원을 준비하면서 얼마나 많은 생각을 하고, 어렵게 결단해서 감당을 했을까 하는 생각이 들어서입니다. 하지만 6억 2,000만 원이 모이려면 이런 형제자매의 헌신 어린 결단이 620건은 있어야 한다는 생각을 하면 아찔하기만 했습니다. 단순한 숫자상의 계산으로는 도저히 건축비를 감당하기 어려울 것만 같았습니다.

800만 원을 작정한 어느 형제는 졸업을 하자마자 대형 운전면허를 취득하더니 마을버스와 시내버스 운전을 했습니다. 그 형제의 후배가 서울에서 버스를 탔다가 운전석에 선배가 앉아 있는 것을 보고 놀랐다고 이야기해서 알게 되었습니다. 그렇게 해서 받은 월급을 모아 헌금을 감당했습니다. 어느 자매는 어려운 집안 형편으로 인해 졸업한 이후에도 동생들 몇 명을 데리고 살았는데, 동생들 등록금을 대기도 어려운 형편 중에도 1,000만 원에 가까운 헌금을 감당해서 사렙다 과부의 정성을 보이기도 했습니다. 주일학교 아이들은 돼지 저금통을 깨뜨렸고, 대학부 형제자매들과 기독학생연합회 형제자매들은 용돈을 절약하고 아르바이트를 해서 믿음으로 작정한 헌금을 묵묵히 감당해갔습니다.

하루는 대학 후배에게 전화가 왔습니다. 형님이 모교에서 교회를 짓겠다고 이렇게 수고를 하는데 자기도 뭔가 도움이 되고 싶다는 겁니다. 이런 전화는 기막히게 좋은 것이었습니다. 시간을 약속하고 만났습니다. 후배는 전자 오르간을 헌물하고 싶다고 했습니다. 너무도 감사한 일입니다. 그런데 전자 오르간이 제품에 따라 값이 천차만별

이어서 도대체 어떤 전자 오르간을 헌물할지 알 수가 없었습니다. 며칠 후, 약속을 하고는 전자 오르간 대리점에서 다시 만났습니다. 그 후배가 대리점 주인과 몇 마디 말을 주고받으면서 저에게 어떤 오르간이 맘에 드는가를 물었습니다. 오르간 가격이 다 다르니 섣불리 말을 할 수가 없었습니다. 그저 맘에 드는 오르간 앞에서 아무 말도 하지 않고 오르간을 만지작거리고 있자 후배가 그것이 맘에 드는가를 물어왔습니다. 그렇기는 한데 너무 비싸서라고 우물쭈물하자 "형님 맘에 들면 그것으로 하시지요."라고 권합니다. 후배에게 미안했지만 기쁜 마음으로 헌물을 하는 후배의 모습에 주님께 오히려 감사를 드렸습니다. 오르간 대리점을 나오면서 후배가 "사실은 그 오르간 값의 반 정도되는 것을 헌물하려고 했는데 형님이 좋아하시는 걸로 하기로 했다."고 하더군요. 좋은 오르간이 교회에 놓이게 된 것은 너무 좋은데 그 후배에게 좀 미안한 마음이 있었습니다. 그런데 그 후배가 건축을 알리는 편지를 받고 이렇게 오르간을 헌물하고 싶은 마음을 갖게 된 이야기가 놀라웠습니다. 대학 재학 시절에 제가 그 후배의 어깨를 두드려 주면서 가끔 격려해준 것이 너무 고마웠는데 편지를 받고 그때 일이 생각이 나서 어떻게든 보답을 해야겠다는 생각을 했다는 겁니다. 후배 어깨 몇 번 토닥거리며 격려했던 것이 이렇게 1,000만 원이 넘는 전자 오르간이 되어 돌아왔습니다.

이렇게 모인 헌금은 현재 목사가 되어 있는 J형제, K형제, S형제 그리고 중국에서 의사가 된 J자매가 철저한 헌신으로 관리했고, 은행에 다니고 있는 P집사가 계좌 관리를 잘해주어 아무런 사고 없이 끝까지 잘 감당할 수 있었습니다. 지금 생각해보면 그렇게 많은 돈을 회계에 대해 완전 초보자들인 그들과 감당해온 것이 엄청난 무모함이

1997년 9월 3일자 공사현장

었다는 생각이 듭니다. 그래도 주님의 사람들이 생명같이 소중한 것으로 드린 것을 주님을 우러러 한 점 부끄러움 없이 감당해올 수 있었던 것은 모두 주님의 돌보신 은혜였습니다.

건축이 점점 진행되면서 중앙로를 통해 학교로 들어오는 각종 건축 장비 소리를 들을 때마다 얼마나 흥분이 되고 좋았는지 모릅니다. 굴삭기가 들어오는 소리는 곧 공사가 원활히 진행되고 있다는 사인이었습니다. 그리고 지게차가 들어오는 소리는 뭔가 건축자재가 들어왔다는 것을 알리는 기쁨의 소리였습니다. 기중기(크레인)가 들어올

때마다 그 모습이 예사롭게 보이지 않았고 대학교회 현장에 투입된 기중기가 세상에서 제일 힘이 세고 멋져 보였습니다. 용인에서 달려온 '라도'라는 회사의 이름을 가진 파란색의 레미콘 트럭은 볼 때마다 심장을 쿵쾅쿵쾅 뛰게 했던 멋진 장난감이었습니다.

어느 주일 예배를 마치고 건축 현장에 갔더니 현장소장이 내일(월요일) 새벽에 슬라브를 친다고 말했습니다. 몇 시에 레미콘 차가 오는지를 물었더니 아침 7시부터 60대 정도 물량의 슬라브 공사를 한다는 것입니다. 주일 저녁에는 보통 밤 9시가 넘어서야 집에 도착을 합니다. 거의 녹초가 된 채 집에 들어가서 밤늦게 밥을 지어 먹습니다. 그러나 아무리 고단한 월요일 아침이더라도 레미콘 60여 대가 와서 대학교회 건축 현장에 콘크리트를 들이붓는 그 명장면을 놓치고 싶지 않았습니다. 아내에게 말을 했더니 의아한 표정을 지으면서도 흔쾌히 동의하여, 월요일 새벽 안성으로 달려와 레미콘 차가 죽 늘어선 모습과 아침 7시 경부터 슬라브를 타설하는 장면을 보며 기쁨에 겨워했었습니다.

수시로 바뀌는
현장소장

　건축이 이렇게 진행이 되는 동안에도 웬일인지 현장소장은 수시로 바뀌었습니다. 갑자기 K소장보다도 훨씬 젊은 사람이 현장소장이라고 하면서 나타났습니다. 그런데 이 사람은 K소장과는 비교도 안 될 정도로 품성이 저질로 보입니다. 건축자재를 정할 때 원래 시공하기로 되어 있는 자재를 업자가 있을 때 정하고는 그 업자에게 리베이트를 요구하여 본래 시공하기로 되어 있는 자재보다 형편없는 것으로 시공하는 것을 몇 차례 보았습니다. 시정을 요구했지만 야단을 할 때만 잠시 하는 척하다가 결국 자신의 고집대로 밀어붙이는 고약한 사람이었습니다. 그래서 현재 대예배실 벽에 붙은 방음텍스는 원래 불에 타지 않는 스펀지에 천을 입힌 것을 시공하기로 했는데, 현장소장 때문에 그보다 훨씬 값싼 유리솜에 천을 입힌 것을 시공하게 된 것입니다.

그 현장소장은 신앙생활을 전혀 하지 않았지만 성탄절 때에 현장소장을 초대하여 캐롤 축제를 하면서 마음을 고백하는 시간을 가졌는데 현장소장이 예수님의 생일을 축하하는 케익 앞에서 이렇게 말을 했습니다. "속이지 않고 정직하게 대학교회 건축을 잘하겠습니다."라고 말입니다. 둘러선 교인들은 모두 그 현장소장의 고백에 감격하여 아멘으로 화답을 했지만 저는 그 소장이 그동한 한 짓을 알기에 뒤통수를 맞은 기분이었습니다. 해가 바뀌자 이 젊은 현장소장은 갑자기 없어졌고 느닷없이 형사들이 대학교회 현장에 찾아왔습니다. 그 현장소장을 찾는 겁니다. 이미 현장소장은 며칠 전부터 어디론가 없어진 후였습니다. 이유를 물었더니 안성 고급 요정에서 수천만 원어치의 외상 술을 먹고는 술값을 갚지 않아 술집 주인들이 고소해 잡으러 왔다는 것입니다. 하도 어이가 없어 후에 현장소장을 직접 찾으러 온 술집 주인들에게 물었더니 그 젊은 현장소장이 "중앙대학교에서 건축을 하는 현장소장"이라고 큰소리치기에 그렇게 외상을 주었다는 것이었습니다. 술집도 한두 집이 아니었고 한 집에 몇십만 원부터 시작하여 몇백만 원에 이르기까지 수십 집을 그리하고 다녔으니 대학교회 현장에는 관심이 없고 밤마다 주색잡기에만 골몰한 것이었습니다. 기가 막혔습니다. 이게 무슨 시험인가를 생각하니 눈물이 나기만 했습니다. 하나님의 집을 짓는 현장에서 소위 현장소장이라는 사람이 하나님의 집을 짓는다는 것을 앞세워(대학교회 건축이라고 했는지도 알 수 없지만) 수많은 술집 상인들을 울게 했고 주색잡기를 했다는 것이 기가 막혔습니다. 그 후에도 몇 차례 자재를 댄 업자들이 이 현장소장을 욕하면서 나타나곤 했습니다. 이 젊은 현장소장이 없어지자 며칠 후에 정말 골리앗처럼 생긴 사람이 현장소장이라고 나타났습니다. 자그마치 일곱 번째 소장이었습니다. 이렇게 건축 현장에서 잔뼈가 굵은 사람을 생전 상대해 보지 않았었기에 상대하기가 여간 힘든 게 아니었습니다.

　건축이 막바지가 되면서 여러 업자들이 소소한 공사를

위하여 들락거렸는데 아마 하청을 받아 진행하는 모습으로 보였습니다. 그런데 학교를 통해서 지불되어야 할 공사대금이 제때에 지불되지 않자 하청받은 업자와 현장소장의 고성이 오가는 싸움이 자주 일어났습니다. 그런 장면을 학생들에게 보여주는 것이 몹시 견디기 어려웠습니다. 완공 한 달여를 남겨두고 이 일곱 번째 현장소장도 어디론가 없어졌습니다. 그러더니 D토건주식회사의 실제 사장이라고 하면서 H사장이 나타났습니다. 회사가 다른 현장에서 일을 맡았다가 부도가 나서 옥살이를 했다고 하면서 출감을 하고 보니 자신이 형을 사는 동안 또 다른 사장인 L사장이 자신을 내쫓고 회사를 완전히 차지하려 한다고 하며 처음의 현장소장인 K씨를 다시 현장소장으로 데리고 왔습니다. 이런 와중에 L사장은 자신의 아들과 몇 명의 어깨들을 대동하고는 Y사장 농간으로 이렇게 되었다고 하면서 H사장이 원하는 대로 되지 않을 거라 말하며, 공사가 거의 끝나갈 무렵 대학교회 현장을 놓고 L사장과 H사장간의 법정 싸움으로까지 번졌습니다. 이렇게 되다가는 공사가 또다시 중단될 것만 같았습니다. 결국 L사장이 대학교회 공사 현장에서 손을 떼게 되었고 H사장이

K소장과 함께 공사를 마무리하게 되었습니다. 한 가지 안타까운 것은 이런 여러 우여곡절을 통해 D토건주식회사가 없어졌고, H사장은 대학교회 건축을 끝으로 건축업에서 손을 떼겠다고 말을 했는데 사실 여부를 확인할 수는 없었습니다.

드디어
끝났습니다

건축이 완공되고 비록 입당예배를 드리기 전이지만 그 동안 예배를 드리던 가건물에서 필요하고 쓸 만한 집기를 옮겨 새 예배당에서 주일을 맞았습니다. 새 예배당에서의 첫 예배를 드리기 위해 강단에 몸을 엎드려 기도할 때에 지난 6년 동안 이 일을 꿈꾸며 달려왔던 날들이 한순간에 스쳐 지나갔습니다. 한없이 소리치며 엉엉 울고 싶었습니다. 여기까지 이르게 하신 주님께 그저 감사할 뿐이었습니다.

정해진 입당예배를 드리는 날이 되었습니다. 기공예배

를 드린 지 17개월이 지났습니다. 이렇게 입당예배를 드릴 수 있게 되었다는 것이 그저 꿈만 같아 정신이 하나도 없었지만 모든 교우들은 그저 감사의 마음으로 입당예배를 드렸습니다.

돌아보면 언제나 고백했던 것처럼 모든 것이 주의 은혜였습니다. 1997년부터는 광풍처럼 몰아친 한국경제의 침몰로 IMF(국제통화기금)의 도움을 받아야 했던, 성도들이 가장 힘든 시기를 겪은 때였습니다. 그런 시기에, 주의 백성들이 생명같이 소중한 것들을 모아 1998년 3월에 새 예배당에서 입당예배를 드릴수 있었던 것은 소자 같은 우리에게는 하나님의 기적이었습니다.

3,000만 원을 갖고 시작한 건축이 6억 2,000만 원의 건축비와 1억여 원의 집기를 들여놓고 모든 과정을 마칠 때까지 1원 한푼의 빚 없이 마쳤습니다. 학교 대외협력처에 건축비로 발전기금을 낼 때 단 한 번도 날짜를 미루거나 액수가 모자라 아쉬운 소리를 한 적이 없었습니다. 건축비 가운데 중도금으로 정해진 금액을 약속한 날짜에 정확하게 모자람 없이 입금할 수 있었음은 주의 손길로 인한 기적이었습니다.

헌금에 참여한 467명의 이름이 새겨진 동판

　　교회 창립 20주년이 되던 해에, 헌금에 참여한 467명의
이름이 새겨진 동판을 로비에 붙였습니다. 하늘 생명책에
이미 기록되었을 아름다운 이름들입니다. 수많은 정성으
로, 그리고 그 이전에 숱한 눈물의 기도로 교회를 이루는
데에 손길을 더한 이름들입니다. 그 수많은 기도로 인해
다음 세대 후배들이 마음껏 소리쳐 예배드릴 수 있는 예
배당이 이렇게 지어졌습니다.

꿈을 가진 자는 언제나
청춘이기 때문입니다

1998년 3월 〈엔크리스토〉에서 발췌

우리 집 둘째아이의 나이가 올해로 12살입니다. 내 등의 때를 닦는 손힘이 이제는 제법 어른 못지 않은 것을 느낄 수 있습니다. 가끔 어린아이다운 응석이 있기도 하지만 지난 5년 전보다는 훨씬 어른스러움이 있습니다.

'7살 난 아이의 10살이 되고 싶은 꿈'이란 제목으로 5년 전 곧, 1993년 4월 대학교회 회보에 글을 썼었습니다. 당시 대학교회의 나이는 우리 집 둘째아이의 나이와 같아 우리아이의 모습을 빗대어 대학교회의 꿈 가운데 하나인 교회 건축에 대한 소망을 담았었습니다. 그런데 벌써 10살을 넘겨 12살이 되고 말았습니다. 그래도 잊을 수 없는 것은 10살이 되던 해 1996년 10월 24일에 대학교회 건축기공예배를 드릴 수 있었다는 것입니다. 기공예배를 드리던 날, 이제 대학교회 건축은 다 된 것이나 다름 없다고 생각했었는데 이렇게 1년을 후딱 넘겨버렸고 거기에 더해 5개월이 지났습니다. 사실 이 글을 쓰고 있는 지금, 입당예배를 정확하게 한 주 앞둔 마음은 그저 입당예배 준비로 분주할 뿐 7살짜리의 10살이 되고 싶은 꿈이 현실로 이루어졌다고 하는 감격은 어느 정도 시간이 지난 다음에서야 들 것 같습니다. 지난 3월 15일 주일, 입당예배 전에 미리 입주하여 입당예배를 준비해야 한다는 생각으로 그날부터 대학교회 주일 낮예배를 새 성전에서 드렸습니다. 예배 시작 전 강단 의자에 올라 기도하는데 지난 1년 동안의 긴 경주가 가슴 가득 밀려오면서 복받치는 눈물이 있었습니다. 예배에 방해를 받겠다는 생각으로 감정을 닫아넣으면서 강단에 섰습니다. 넓은 예배당 여기저기에 앉아 있는 교인들을 보면서 모두들 약간은 얼이 나간 사람 같아 보였습니다. 반면에 아이들은 넓어진 교회를 실감하면서 이리저리 뛰어다니며 좋아했습니다.

군에 가기 전, 소집영장을 받게 되면 군복을 입은 군인만 봐도 부러웠던 것처럼 지난 1993년 봄에 건축헌금을 작정하고 난 후 5년 동안, 잘 지어진 교회에 예배를 인도하러 갈 때마다 한없이 부러웠습니다. 그리고 예사롭게 보던 교회의 구석구석을 마치 도적이 어디를 뚫고 침입해야 하는지 고심하는 눈길로 샅샅이 살펴보곤 했습니다.

이외에도 지난 1년 동안, 교회 건축을 하면서 며칠 밤을 지새워도 못 풀어낼 이야기가 가슴에 있습니다. 그러나 지금 입당예배를 드리기 전에는 가슴 깊은 곳에 꽁꽁 묶어놓고 싶습니다. 그 이야기가 즐거운 이야기이건 슬프고 속상한 이야기이건 간에 지금은 그저 이렇게 세워진 예배당을 보며 즐거워하고만 싶습니다. 집사님들이 종종 아니 거의 매주일 묻던 건축헌금에 대한 모든 것을 다 정리하고 더 이상 그것 때문에 묻고 답하지 않아도 될 때에, 교회 정원에서 '내리사람'이라는 찻집 사장님이 타주는 차를 마시면서 그 묻어둔 이야기를 풀어내고 싶습니다. 앞으로 여러 해 동안 우리는 이런 이야기로 가슴을 보듬게 될 것입니다. 한 가지 분명한 사실은 바울이 성령의 감동하심으로 기록한 로마서 8장 28절 말씀이 진리라는 것입니다.

"우리가 알거니와 하나님을 사랑하는 자 곧 그 뜻대로 부르심

을 입은 자들에게는 모든 것이 합력하여 선을 이루느니라."

이제 사랑하는 나의 주 안에 동역자 된 기독동문들을 편안하게 만날 수 있겠습니다. 지난 5년 동안 저를 사랑하는 동역자들이 제 얼굴을 보면서 미안해하던 것이 가장 가슴이 아팠습니다. 아마도 저는 그렇게 하고 싶지 않았어도 그들에게 은연 중 많은 부담을 안겨주었었나 봅니다. 주님이 저들을 한없는 주의 사랑으로 위로하시고 넘치도록 부으시기를 기도할 뿐입니다. 그리고 사랑의 빚진 자로 언제나 그들을 사랑으로 섬기는 삶을 살고 싶습니다.

솔직히 이제 좀 쉬고 싶습니다. 얼마간 삶의 현장에서 떨어져 그동안 교회 건축으로만 주 앞에 떼쓰던 아이의 모습에서 이제 주 앞에 다른 문제로 재롱도 부리고 싶습니다. 그러나 횅하니 넓어진 예배당을 보면 이전보다 더욱 가슴을 불태우지 않을 수 없습니다. 생명의 사람으로 이 예배당을 가득 채우고 싶은 간절함이 있기 때문입니다. 잠시라도 쉬고 싶지만 쉴 수 없는 안타까움은 생명

에 대한 간절함 때문입니다. 그리고 1990년 초부터 가슴속 깊은 곳에 잉태했던 우리 모두의 꿈, 예수마을 때문입니다. 감히 예수님께 "이제 잠시 쉬고 싶어요."라고 말씀드리지 못하는 것은 "내 아버지께서 일하시니 나도 일한다."고 하신 예수님을 알기 때문입니다.

10살이 되고 싶어 했는데 이렇게 12살이 되어버렸습니다. 그리고 이렇게 7살 때 꾸던 꿈이 이루어졌습니다. 함께 이 거룩한 행진에 달려온 나의 사랑 나의 기쁨 대학교회 동역자들 모두의 이름을 주 앞에 다시 부르고 있습니다. 그들을 향한 최고의 사랑은 이것인 줄 믿기 때문입니다. 주께서 부으실 복을 기대하고 있습니다. 약속에 신실하신 하나님이심을 믿기에 이렇게 꿈이 이루어졌듯이 하나님의 약속은 모든 성도들의 가정에 그대로 임하리라 믿습니다.

들어와도 복을 받고 나가도 복을 받는 사람들, 여기 그런 사람들이 모여 이렇게 복을 베푸심을 간증하고 노래하는 천국의 사람들, 예수의 사람들, 비록 유명하지 않고 가진 것은 많이 없어도 예수 때문에 언제나 부요한 사람들, 목사를 주님처럼 알고 교인을 예수로 아는 생명으로 지

어져온 우리 교회 대학교회, 이렇게 12살이 되어 앞으로
스무 살이 되고 서른이 넘어 불혹의 나이인 마흔이 되었
을 때 우리 중앙대학교회는 민족의 교회로, 세계의 교회
로 주님이 세우실 것을 믿습니다. 그래서 우리는 고기를
써는 도마 앞에서도, 영어 단어를 외우고 먹어야 사는 삶
의 냉혹함 속에서도 선교헌금을 서슴없이 내어놓고 있습
니다. 세계를 품은 그리스도인으로 살자고 우리의 모습에
걸맞지 않는 구호 아닌 구호를 간직하던 지난 몇해 동안
우리들이 읽었던 《모험으로 사는 인생》《제자, 거룩한 열
정으로의 부르심》과 같은 책들은 우리의 삶의 좌표를 잃
어버리지 않도록 격려하던 음성들이었습니다.

이제 우리는 어떤 일이 와도 돌아설 수 없습니다. 바로
우리들의 미래와 우리들의 아이들 때문입니다. 앞을 볼
수 없는 어떤 아버지가 아들에게 떳떳한 아버지였다는 것
을 보이기 위해 해발 6,000미터가 넘는 히말라야의 한 정
상에 섰다고 합니다. 이렇게 우리는 우리 아이들에게 하
나님과 함께 살아온 삶의 흔적을 대학교회 건축을 통해서
보여주었습니다. 그리고 이제 우리는 우리를 보고 삶을
배우는 우리 아이들에게 예수의 사람으로 어떻게 살아가

야 하는지를 이전보다 더욱 생생하게 보여주고 싶습니다.

함께 이 어려운 길을 달려왔던 나의 모든 동역자들. 수고 많이 하셨습니다. 함께 또 다른 꿈을 꿉니다. 꿈을 가진 자는 언제나 청춘이기 때문입니다.

입당예배
그 이후

1999년 4월 〈엔크리스토〉에서 발췌

버나드 쇼가 인간에게는 근본적으로 두 가지 두려움이 있다고 했다. 그중 한 가지는 자기가 바라는 것이 이루어지지 않으면 어떻게 하는가에 대한 두려움이고, 또 다른 한 가지는 자기가 바라는 것이 이루어진 다음에 찾아오는 두려움이라고 했다.

우리는 정확하게 1년 전(1998년) 3월 28일날 이곳에 성전을 짓고 입당예배를 드렸다. 입당예배를 드리기 전에 두 달 정도를 거의 매일 밤마다 청소하고 정리하고 입당예배를 준비하느라고 많은 수고를 하여 정작 입당예배를 드릴 때에는 목소리도 제대로 나오지 않을 정도로 고단했다. 생각하면 꿈같은 일을 손에 쥐고 있으면서도 실감나지 않는 느낌으로 예배를 드렸다. (중략) 거의 10년이 넘게 기도하고 달려온 경주를 완주한 것이기에 내심 입당예배를 드리면서 교인들의 가슴속에 완수한 이후에 찾아올 수 있는 영적 공백이 있지 않기를 기도하여 왔다. 교회를 건축한 이후에 시험에 드는 교회가 있다는 소리를 수없이 들어왔기에 이 문제를 안고 특별히 기도하기 시작하여 주의 은혜 중에 한 심령도 상한 자 없이 모두 주 안에 평안을 누리며 든든히 서가고 있다.

입당예배를 이곳에서 드리면서 우리에겐 많은 변화가 있었다. 우선 우리 모두의 가슴에 참된 영적 부흥에 대한 갈망을 갖게 되었다는 것이다. 이 소망은 불가능한 것처럼 보였던 것이 기도하여 이루어지는 것을 체험한 우리 모두에게 성령으로 말미암아 자연스럽게 잉태된 꿈이었다. 하박국이 "하나님이여 이 수년 내에 부흥케 하옵소서"하던 기도는 언제부터인가 우리들의 기도가 되었다. 한 가지 분명하게 읽어낼 수 있는 것은 교인들이 생기가 넘쳐나고 있다는 것이다. 어려운 고난 중에도 기도를 잃지 않고 있으며, 살아계신 하나님에 대한 소망의 불을 가슴에 품고 사는 것을 볼 수 있다.

새 성전으로 옮긴 후에 주일 찬양예배를 방학 중에도 쉬지 않고 계속 드릴 수 있게 되어 이것이 교인 모두에게 하나님께 쉼 없이 찬양드릴 수 있는 귀한 계기가 되었다. 방학 중에도 학기 중과 크게 다르지 않게 예배를 드릴 수 있었다. 더불어 주일낮예배, 찬양예배, 그리고 생활관생들이 중심이 되어 드리는 수요예배는 양적으로도 많은 부흥을 가져왔다. 반면에 기독학생연합회의 목요예배는 양적으로는 크게 변화를 갖지 못하였으나 영적인 회복이 두드러졌었다. 하나님께서 목요예배 가운데 일으키시리라 변함없이 믿고 있다.

새 성전으로 입당하여 교목실을 성전에 두면서 형제자매들과 수시로 만날 수 있어서 무척이나 좋다. 낮에도 성전에는 기도하는 무리들이 끊이지 않고 있어 우리가 모두 지난 수년 동안 함께 수고한 그 영적 보람은 이러한 모습으로 이미 충분한 보상을 받았다고 할 수 있다. 우리 모두는 분명히 알고 있다. 이렇게 함께 수고하여 주께서 허락하신 새 성전에서 예배함이 우리의 소망의 전부가 아님을 알고 있다. 이것은 우리가 주 앞에서 함께 이루고 싶은 우리의 기대와 소망의 시작일 뿐이다. 우리에게는 꿈이 있다. 하나님 앞에서 생명 같이 소중한 사람들로 간직되며 쓰임받고 싶은 간절한 소망이 있다. 비록 우리의 손에 많은 물질은 들려 있지 않아도 우리의 가진 모든 것으로 하나님의 나라를 수놓아가고 싶은 간절한 열정들이 있다. 새 성전에서의 예배는 하나님께 기도하여 달려가면 반드시 주께서 들으시고 응답하신다는 메시지일 뿐이다. 우리는 이제 더 큰 기도를 드리고 싶다. 우리의 꿈은 이곳에 가둘 수 없다. 우리는 이 민족과 세계를 품어 언제나 최선을 다한 최고의 삶을 살아내고 싶은 간절함이 있다. 그래! 우리 모두 주의 부르심을 따라 땅끝까지 이르러 복음의 증인 되어 생명을 낳는 생명의 사람들로 그렇게 살아가자. 우리의 생명과 시간을 심어 우리의 자녀들과 형제자매들이 주 앞에 위대한 사람들로 주께 드리자. 입당예배, 그 1년 후 우리는 변함없이 주를 바라보고 있다.

붙들었던 말씀

건축이 중단되거나 헌금에 대한 두려움으로 힘들어 할 때마다 붙들고 의지했던 말씀이 있었습니다. 그것은 모세가 이스라엘 백성을 이끌고 출애굽을 할 때, 뒤에서 바로의 군대가 쫓아오는 것을 보고 하나님 앞에 엎드리자 하나님께서 모세에게 주셨던 말씀, 모세가 백성들에게 외친 말씀입니다. 곧 출애굽기 14장 14절 말씀입니다.

"여호와께서 너희를 위하여 싸우시리니 너희는 가만히 있을 지니라."

이 말씀을 붙들고 '여호와의 행하심이 나타나기를 간절히 기도함'으로 달려왔습니다. 하나님은 이렇게 말씀을 붙들고 몸부림치는 그의 자녀들의 목마름을 한 번도 외면하지 않으시고 언제나 필요를 따라 채우시고 부어주셨습니다.

대학교회 공사가 마무리되어 갈 때쯤에 많은 문제들로 공사가 중단될 위기에 놓였을 때 영적 전쟁을 선포하고 '홍해 도하작전'을 선포했습니다. 이스라엘이 홍해를 건너지 않으면 자유를 얻을 수 없었듯이 지금까지 수년 동안 달려왔던 대학교회 건축 공사도 완공되지 않으면 홍해를 건너지 않은 이스라엘과 별반 다르지 않다는 믿음을 갖고 거룩한 땅에 이르기 위한 마지막 영적 몸부림을 외쳤던 것입니다. 이외에도 수없이 많은 날들의 철야기도회, 릴레이 금식기도, 기도카드, 예배시간마다 눈물로 소리쳤던 그 많은 통곡의 기도들. 하나님께서 이렇게 행하심으로 사람들마다 불가능하리라고 말했던 대학교회 건축을 이루어낼 수 있었습니다. 돌이켜 생각해보면 그토록 힘들고 어려울 것을 짐작은 하였지만 그리 어려운 것인지 제대로 알았더라면 시작조차 못 했을 것 같습니다. 어떻게 보면 우리의 인생과 삶이 이렇게 모험이기도 하고 무모한 것인지도 모릅니다. 그러므로 언제나, 무슨 일에서나 주님을 절대 신뢰함이 없이는 못 산다는 분명한 교훈과 메시지를 보았습니다.

대학교회 건축의 역사를 간단하게나마 글로 남겨 보았습니다. 많은 사람들이 대학 캠퍼스에 하나님의 교회가 있게 된 내력에 대해 궁금해하고, 당시 지켜보았던 증인들이 나이가 들어가고 떠나갈 때가 되어감에 따라 후세에 이 예배당에서 하나님을 예배하고 경배할 다음 세대 믿음의 사람들을 위해서 썼습니다. 믿음의 선배들의 사랑과 생명으로 지어진 교회를 사랑하고 자신들의 삶에서도 믿음의 선배들 못지 않은 귀한 열매를 향한 헌신의 삶이 있기를 소망하는 작은 꿈을 안고 말입니다. 대학교회 건축은 어느 한 사람의 수고에 의하여 이루어진 것이 아닙니다. 이름조차 드러나지 않은 수많은 하나님의 사람들의 생명같이 소중한 정성들이 모여 지어진 것이며, 저를 비롯하여 몇 명의 증인들은 단지 가까이에서 섬길 수 있도록 하나님이 뽑아 세우셨기에 그 특권을 잠시 누렸을 뿐 아무런 공로도 자랑도 있을 수 없습니다. 혹 저의 수고함을 적은 것은 저만 그런 수고를 하였다는 것이 결코 아니고 그저 현장에 가까이 있어 그 사건 현장을 가까이에서 지켜본 것에 대해 기록한 것일 뿐입니다. 기독동문회, 기독신우회, 교수선교회와 성경연구회, 기독학생연합회나 대학교회 성도 모두, 그리고 그저 하나님의 교회가 지어진다는 것을 기쁨 삼아 기꺼이 사랑을 쏟아부어 주신 많은 분들이 바로 주님 앞에 상급을 누릴 자들입니다.

다시 예수 마을의 꿈을

　믿음의 형제자매들과 함께 주의 예배당에서 자유롭게 예배를 드리면서 마음껏 찬양과 기도를 드릴 수 있음에 힘들고 어려웠던 그 수많은 과정들이 이 세상 가장 아름다운 추억이 되어 기쁨으로 제 안에 자리잡았습니다. 그들이 대학교회 울타리 안에서 복음과 함께 훈련을 받아 주의 제자들로 세워져 가는 모습만으로도 대학교회 건축을 위하여 치러낸 모든 수고는 결코 헛되지 않았음을 보고 있습니다.

　이제 우리 안에 오래 전부터 꿈꿔온 또 다른 꿈을 향하여 날개짓을 하려 합니다. 하나님 나라에 헌신하고 충성

된 주의 제자를 키워내는 '예수 마을 공동체'(Jesus Town)
에 대한 꿈입니다.

1987년부터 안성캠퍼스 기독학생연합회와 대학교회
사역을 해오면서 늘 안타까운 문제를 보았습니다. 방학
이 되면 흡사 썰물이 빠져 나가듯 학생들이 고향으로, 서
울로 모두 흩어집니다. 방학 두 달 동안 캠퍼스는 학생이
거의 없는 빈 캠퍼스가 되고 기독학생연합회는 개점 휴업
상태가 되고 대학교회 사역 가운데 중요한 대학부 사역에
도 연속성을 잃어버리게 됩니다.

이렇게 방학이 되면 전국으로 흩어지는 형제자매들을
캠퍼스에 남아 있게 하지 않으면 기독학생연합회나 대학
교회 사역이 온전할 수 없겠다는 생각으로 기도하기 시
작했습니다. 이 문제를 주제로 목회학 박사 논문을 썼습
니다. 지도교수님도 매우 흥미로워하셨고 '예수 마을 사
역'을 소개할 기회가 있을 때마다 듣는 분들이 매우 흥미
로워하며 다시 듣고 싶어 했습니다. 현재 답보 상태에 놓
인 한국교회의 대학생 사역의 소중한 대안으로 반응을 했
습니다.

2,000년 중반부터 교회에서 마련한 몇개의 공간과 이

를 위해 헌신한 교회 집사님의 아파트에서 형제자매들이 공동생활을 시작했습니다. 지난 10여 년 동안 많은 시행 착오를 겪어오면서 지금까지 예수 마을 사역을 이어오고 있습니다. 처음 기획했던 대로 되지 않은 부분도 많지만 조금씩 수정하면서 상황에 맞춰 진행하고 있습니다.

예수 마을 사역의 핵심은 '훈련', '변화', '헌신'이라는 세 과정입니다. 곧 하나님 나라의 일꾼으로 '헌신'된 제자는 저절로 되는 것이 아니라 '훈련'을 통한 '변화'를 체험한 자들로 만들어진다는 믿음입니다. 그리고 무엇보다 하나님 나라의 임재하심이 있는 교회는 '배려'와 '섬김'으로 온전케 됨을 믿고 공동생활을 통한 '배려와 섬김'의 훈련을 하고 있습니다.

형제자매들이 좋은 훈련 프로그램과 함께 주의 제자로 자라가기 위해 반드시 필요한 것은 거주 공간입니다.

매 학기마다 10여 명의 형제자매들이 주의 말씀과 함께 '훈련공동체'를 이루어 주의 사람으로 세워져가고 있습니다. 이들에게 적어도 학교 기숙사보다 더 나은 생활 환경을 만들어 주의 말씀에 집중하여 훈련할 수 있는 거주 공간을 만들어주고 싶은 꿈이 있습니다. 현재까지는 몇 차례 이곳저곳을 옮겨다니며 훈련을 받고 있습니다. 캠퍼스 안에 예배 공간인 대학교회 건축이라는 결코 쉽지 않은 일을 해내게 하신 주께서 하나님의 나라 일꾼을 키워내는 예수 마을 사역을 위한 아름다운 공간을 또한 이뤄가실 줄 믿습니다. 이 문제를 안고 아주 오래 전부터 기도하여 왔습니다. 이제 그 기도가 쌓여 조금씩 손바닥만 한 구름이 보이고 있습니다. 때가 되면 그 기도와 꿈이 쌓여 또 다른 하나님의 기적을 보는 날이 올 줄 믿습니다.

이렇게 세워져가는 예수 마을이 한국교회를 부흥케 하며 캠퍼스 복음화의 꿈을 키워가는 기독학생연합회(SCM)를 더욱 힘있게 하고, 중앙대학교 안에 주의 거룩하신 영으로 하나님의 나라가 세워져 많은 이들이 주 안에 새롭게 되는 역사가 반드시 일어나리라 확신합니다. 아멘!

중앙대학교회
건축 감사의 고백들

두 렙돈의 기적

– 이영형 목사(대학교회 전도사 출신, 85' 행정)

인생을 살다 보면 특히 크리스천으로 살아가다 보면, 절대적 가난과 또한 절대적 헌신의 시기를 만나게 된다. 나의 짧은 인생에서 신학생 시절의 전도사 생활은 절대적 가난과 절대적 헌신의 시기였다.

대학교회에서 전도사로 그리고 기독학생회 간사로 사역하는 가운데 교회 건축의 필요성이 대두되었다. 그래서 교목님인 이제훈 목사님과 성도들(학생 90퍼센트)이 기쁘게 헌신하게 되었다. 기독학생회 출신 동문들도 함께 동참하게 되었다.

전도사였던 나도 헌신하고 싶은데, 헌신할 재물이 너

무 없었다. 신학생으로 가정을 꾸리고 아들이 하나 있었는데, 생활 자체가 쉽지 않았다. 그래서 아내와 기도하면서 우리가 헌신할 수 있는 분량만큼 건축헌금을 작정하게 되었다. 그래서 5만 원씩 3년간 은행에다 적금을 넣기로 하고, 나머지는 하나님께서 물질을 주시면 모아서 헌금을 드리기로 했다.

사실, 여러 동문들에 비하면 과부의 두 렙돈에 해당하는 액수였다. 헌금을 모으는 가운데, 부산으로 사역지 이동이 있었다. 그런데 감사하게도 그 교회에서 사례비를 넉넉하게 주어서 약속한 시간 내에 대학교회 건축헌금을 드리게 되었다.

목회자로서 지나간 시간을 되돌아볼 때, 가장 가난하고 가장 헌신이 요구되었던 시기가 대학교회 전도사 시절이었던 것 같다. 그런데 재미있는 사실은 하나님께서 내 인생을 체크하고 계셨던 것이다.

전도사를 거쳐 목사가 되어서 30년 정도 목회를 해오고 있는데, 감사하게도 목회지가 시온의 대로처럼 잘 열리게 되었다. 그동안 담임목사로 세 군데 교회에서 목회를 하게 되었는데, 쫓겨난 것이 아니라 순수한 청빙으로 계속

해서 사역을 하게 되었다. 개척교회의 건축과 부흥, 중형 교회의 성장, 그리고 대도시 교회의 건축과 부흥의 은혜를 누리게 하셨다.

개인적인 고백은 하나님께서 두 렙돈의 기적의 은혜를 주신 것이다. 특히 대학교회를 통해 이런 은혜를 누리게 하신 것이다. 그 당시는 힘들고 어려웠지만 즐겁게 헌신할 때 하나님께서 놀라운 기적과 은혜를 베풀어주신 것이다. 모든 영광 하나님께.

우리는 여전히
꿈을 꿉니다

- 이근배 집사

이루어진 일들에 관하여 대략을 남기고자 합니다

먼저는 중앙대학교 가운데 기독학생 선배들의 하나님을 향한 사랑의 헌신과 눈물의 기도가 지금의 교회를 이루게 하셨음을 기억하며 감사를 드립니다.

가건물에서 드렸던 예배는 하나님의 충만한 임재가 있었고 말씀과 찬양과 기도가 넘침으로 모일 때마다 하나님의 은혜와 평강이 더하므로 기쁨과 즐거움이 가득하였습니다. 우리에게 부어주신 구원의 기쁨과 생명의 확신으로 우리는 중앙대학교를 그리스도께로! 1만 5,000명의 학생을 복음으로! 라는 소망을 품고 "중앙대학교는 우리의 밥이다"라고 선포하며 외쳤습니다.

졸업한 학생들이 결혼도 하고 학생들의 울타리 사역으로 부르심을 입어 교회에 남게 되면서 가건물이 아닌 여러 요구를 만족시킬 수 있는 예배당이 현실적으로 필요하게 되었습니다.

이제 갓 사회 초년생들이 교회의 리더들이었기에 물질적으로 무엇을 기대하기에는 너무나 미약했습니다. 그럼에도 없는 것을 있는 것으로 부르시는 하나님께서 우리에게 은혜를 베풀어주셨습니다. 정말 많은 선후배와 성도들이 성전 건축에 동참해주셨고 학생들이 아르바이트까지 하면서 필요한 자금을 마련할 수 있었습니다. 그냥 그리스도께 붙어 있었는데 교회 되게 해주셨습니다. 내 모습 그대로 받으시고 사용하여 주셔서 감사할 따름입니다

중앙대학교의 재단도 여러 번 바뀌고 많은 부침이 있었습니다. 그럼에도 대학교회와 성도들은 여기 그대로 서 있습니다. 대학교회가 있기에 중앙대학교가 있고 중앙대학교가 있기에 대학교회가 있는 한 몸이 되게 하셨습니다.

우리는 여전히 꿈을 꿉니다. 이 대학 캠퍼스의 모든 학

생이 그리스도의 몸 된 교회로 나아오는 그날을, 그리고 나라와 민족을 섬기며 세계와 열방으로 즐거이 헌신하며 나아가는 그날을. 중앙대학교회가 살아 있으면 중앙대학교는 망하지 않게 하실 것입니다. 중앙대학교가 살아 있으면 이 땅의 젊은이들이 살아날 터이고 나라와 열방을 향하여 복음을 증거할 것입니다. 앞으로 오는 여러 세대들이여 우리 함께 동일한 마음을 품어 성전으로 지어져 가기를 원합니다. 청년의 때에 창조주를 기억하며 젊음과 생명을 예수님께 드리기를 즐거이 헌신하는 자들이 이곳에서 예배하기를, 오고가는 여러 세대에 이어지기를 원합니다. 하나님 나라가 임하실 때까지 주 앞에 서는 자들이 끊어지지 않고 이곳에 서 있게 하시길 기도합니다.

끝으로 우리 믿음과 이 모든 섬김 위에 자신을 전제로 부어드리기까지 평생을 헌신하신 이제훈 목사님께 존경과 사랑과 감사를 드립니다. 교회를 위해 동역해주신 많은 성도님들이 있었습니다. 곁에서 사랑으로 지켜보아주시고 마음으로 응원해주시고 기도해주신 것 감사합니다. 주님께서 기억해주실 것입니다. 함께한 가족들 아내와 자녀들 그리고 자녀 세대들에게 고마움을 전합니다.

우리에게 크고 놀라운 인자와 긍휼을 풍성하게 베풀어 주셨고 더욱 능히 넘치도록 이루실 살아계신 우리 하나님께 영광과 감사와 찬송을 올려 드립니다.

35년 전의 다짐

- 김종석 집사

    1988년 여름, 경남 충무에서 있었던 대학교회 수련회를 생각하면 두 가지 기억이 생생하게 떠오릅니다. 수련회 야외활동 중 바닷가를 지나다 갑자기 쏟아진 엄청난 소나기로 모든 성도들이 흠뻑 젖었던 기억이 있고, 또 한 가지는 이제훈 목사님께서 대학교회와 캠퍼스 복음화의 비전을 이야기하며 평생 함께 헌신할 동역자를 불렀을 때 저를 포함한 많은 성도들이 그 자리에서 일어나 헌신을 다짐했던 것입니다.

    고등학교 시절 예수님을 처음 만났던 저는 SCM(기독학생연합회)과 대학교회에서 천국과 같은 은혜를 누렸는데,

예배당이 없어 가정대 1112 강의실에서 예배를 드리든, 조소과 실기동 옆 가건물에서 예배를 드리든, 장소는 문제가 되지 않았습니다. 하지만 군에서 복학하여 SCM 회장을 맡았던 1993년, 목사님께서 대학교회 건축을 이야기했을 때 저의 마음이 고동쳤고, 헌금 작정서에 저의 능력에 넘치는 금액을 적어냈습니다.

처음 두 구좌는 그동안 모았던 적금으로 헌금할 수 있었지만 나머지는 채울 방법이 막막했습니다. 그래서 우선 기숙사에 우유를 돌리는 아르바이트를 시작했고, 4학년 때부터 흑석동 고시원(승당관)에서 공부하는 동안에는 새벽에 신문 배달로 작정한 헌금을 채워갔습니다. 한동안은 비용을 아끼려 조선일보 흑석동지국의 다락방에 기거하며 신문 배달을 하고 학교 도서관에서 공부하였는데, 작정한 분량을 거의 채울 무렵 하나님께서 한국전력공사에 입사할 수 있도록 길을 열어주셨습니다. 이때의 경험으로 알게 된 것은, 주님이 기뻐하시는 일에 내 삶을 드리면 주님께서 내 삶을 책임져주신다는 것이었습니다.

이제 건축한 지 25년여 된 대학교회는 조금씩 노후화되어 가고 있지만 벽돌 한 장 한 장 성도들의 사랑과 땀이 스며 있기에 교회가 더욱 귀하고 사랑스럽습니다. 35년 전 목사님과 동역하며 헌신을 다짐했던 시간이 엊그제 같은데 어느새 목사님께서는 퇴임을 앞두고 있고 저 또한 회사에서의 퇴직을 몇 년 남겨두고 있습니다.

35년이 지난 오늘 다시금 주님 앞에 다짐하기는, 목사님이 품으셨던 캠퍼스 복음화의 소망과 예수 마을의 비전을 이어받아 대학교회 동역자들과 함께 교회를 더 사랑하고, 섬기고, 헌신하려 합니다.

대학교회 30년 근속상을 받고

약속을 이루시는 하나님

- 김영기 집사

　할렐루야! 크신 일을 이루신 하나님께 모든 찬양과 영광이 돌려지기를 소망하며 중앙대학교 제2캠퍼스 대학교회 예배당이 세워지는 모든 과정을 목도했던 한 사람인 제가 어떻게 하나님께서 일하셨는지를 증언하고자 합니다.

　군 제대 후 복학해서 첫 주일에 어떤 분이 주보를 주며 대학교회를 소개하기에 자연스레 예배에 참석하게 되었습니다. 그때에는 교내에 교회 건물이 있다는 것이 참 신기하기도 하고 반갑기도 했습니다. 비록 임시로 지어진 가건물이었지만….

그때 이제훈 목사님을 처음 뵙고, 믿음의 동역자들과 하나님의 말씀을 체계적으로 배우고 참된 복음을 받아들이고 믿게 되었습니다. 복음의 빚진 자의 심정으로 평생을 함께하고 싶었습니다. 그로부터 7년이 지나고 하나님께서는 우리가 서울캠퍼스 대학교회 같은 정식 건물로 된 예배당 건축의 필요성을 느끼고, 모든 성도가 한마음이 되어 기도하며 건축을 위한 첫걸음을 떼게 하셨습니다. 청명한 가을날 당시 김희수 이사장과 학교 관계자분들이 참석한 가운데 기공예배를 드리고 기나긴 여정을 시작했습니다. 건축하는 동안 여러 난관에 봉착하여 더욱 기도하지 않을 수 없게 되기도 했지만, 하나님의 열심이 다 이루게 하셨습니다.

　　젊은 지성인들에게 복음을 전하자는 사명감으로 세워진 제2캠퍼스 대학교회가 주님 다시 오실 때까지 이 사명을 잘 감당해나가길 기도합니다. 주 예수여 오시옵소서. 아멘.

축복을
더하시는 하나님

— 장세희(88' 작곡과)

저는 SCM에서 먼저 신앙생활을 했던 동네 선배의 권유를 받고 SCM 예배에 참석하게 되었습니다. 예배가 은혜스럽고 형제자매들과의 교제도 참 좋았습니다. 특히 인생문제 대수련회에서 본 은혜스러운 장면(방언기도, 방언찬양, 춤추며 기뻐하는 모습 등)이 저를 압도하였습니다. 그 당시에 받은 은혜가 지금도 저를 지탱해주고 있어 감사할 따름입니다. 건축헌금을 할 당시 그 전부터 허름한 가건물이었지만 그러한 겉모습에는 아랑곳하지 않고 그저 함께 모여 예배드리는 것 자체가 좋았습니다. 그러나 시간이 갈수록 그래도 어느 정도 갖추어진 예배당이 있어야 된다는 생각을 하게 되었고 이것은 저희 세대뿐만 아니라 앞으로 다가올 후배 형제자매들에게도 꼭 필요한, 소중하고 영혼을 살리는 귀중한 사역이라고 여기게 되었습니다. 건축헌금을 한다는 소식을 듣고 이러한 마음들을 주셔서 헌금을 기쁘게 할 수 있었던 것 같습니다. 헌금을 하고 나니 생활비가 모자라 당시 얼마간은 힘들었지만 차츰차츰 모두 채워주실 뿐 아니라 축복의 축복을 더하여 주셨음을 후에 알게 되었습니다

대학 교회가 더욱 더 부흥되고 많은 영혼들이 이곳에서 거듭나고 변화되는 놀라운 일들이 계속 이어지기를 기도합니다. 감사합니다.

믿음의 고향
벧엘

- 김문석(86' 경영학)

오늘 낮에 대학교회 예배당에 들러 조금 머물렀습니다. 이제훈 목사님의 책《샬롬 연습》을 한참 읽다가 다 못 읽어서 가져왔습니다. 잔잔한 여운과 도전을 가지고 돌아오던 중 이근배 선배님의 메시지(대학교회 건축 관련 원고 요청)를 보고 깜짝 놀랐습니다. 대학교회 건축과 관련된 글은 아니지만 '나룻배'라 겸손하게 표현하신 '대학교회와 기독학생회'가 제게는 '크루즈'였음을 고백하며 감사를 전합니다.

장면 1〉

1991년 2월 마지막 주일, 고향 교회 대학부에서 축복송을 들으며 떠나온 그 모습 그대로, 1991년 3월 첫 번째 주일 저녁 예배에서 같은 축복송을 들으며 환영을 받았습니다. 제 인생에서 제가 기억하는 가장 따뜻한 '안아줌'을 이제훈 목사님이 선물하셨습니다. 목사님은 나룻배 목사님이 아니라 제게는 크루즈 선장님이십니다.

장면 2〉

"교회 다니면 밥이 나오나? 떡이 나오나?"라며 핍박하는 경우가 있다고 하죠. "나옵니다. 밥도 나오고 떡도 나옵니다. 제게는 그렇습니다." 제 인생에서 가장 큰 밥은 감리교 계통 기독교 학교에 31년째 봉직하고 있는 것입니다만, 두 번째 큰 떡은 이제훈 목사님의 추천으로 송탄은혜여종고에서 교생실습을 하게 된 일입니다. 소위 영빨 센 사람도 헤맨다는 대학 4학년, 너무 큰 도움이었습니다. 평생 은혜로 여기며 고마움을 잊지 않고 있습니다.

장면 3〉

지난 5월 스승의 날을 맞아 쓰고는 숫기가 없어 부치지 못한 편지 이미지 파일로 세 번째 장면을 대신하겠습니다.

믿음의 고향 벧엘에
늘 계시는
이제훈 목사님

건강하시죠?
코로나로 인한 유튜브 송출을
솔쩌 보고 했습니다.
사설 토론을 못해서…
평생 고마움과 가르침, 기억을
잊지않고 가치고 살아 왔어요.
캠퍼스 사역과 지난한 목회가운데
건재하신 모습만으로도
제 자은 기쁨입니다.
자주는 아니지만 가끔 기도가운데
목사님 위해 기도도 했습니다.

늘 건강하시요 편안하세요
최선의 삶 살고자 노력할게요
존경과 사랑을 드립니다.
　　사과대 경영 86.
　　　김문서 형제

새 성전으로의 이전 그 이후

- 이승재 집사
1999년 4월 〈엔크리스토〉에서 발췌

대학교 3학년 때 처음 건축헌금을 작성할 때는 언제나 될까? 과연 가능할까? 최소한 10～20년 후에야 가능하겠지? 막연히 어려울 것이라고 생각하며 작정했던 것이 생각 난다. 군 복무 중에 기공예배를 드렸다는 얘기를 듣고 휴가 중에 기초를 닦고 있는 굴삭기를 보았을 때 감격하지 않을 수 없었다. 이러한 기적을 보면서 하나님이 중앙대학교회를 정말 사랑하시며 이 교회를 향한 놀라운 계획이 있음을 알 수 있었고, 그 계획을 이미 진행하고 계신다는 것을 확신할 수 있었다.

예전의 가건물 교회는 내 신앙이 깊이 뿌리 내린 곳이다. 대학교 1학년 때 처음 개강을 이틀 앞둔 토요일에 기숙사에 들어와 주일에 아침 일찍 일어나 조깅을 하며 참석할 교회를 찾아 내리로 가던 중 교회 종탑을 보고 교회에 문을 조심스럽게 열고 들어갔다. 어두워서인지는 몰라도 조금은 차가웠고 삭막하기도 했다. 기도를 마치고 나가려던 차에 당시 사찰 집사로 계시던 김영기 집사님이 안쪽에서 체육복 차림에 수건을 들고 세수하러 나오고 있었다. 여기에서 예배를 드리냐고 물었더니 드린다는 것이다. 예배를 참석해보니 성도 수가 40~50명쯤 되었을까? 그런데 예배는 매우 진지했고 찬양도 뜨거웠다. 목사님의 설교는 열정적이셨다. 더욱 놀란 것은 성도 간의 사랑이었다. 하나님이 기뻐하는 교회는 성도 간에 깊은 사랑의 실천이 있는 교회라고 생각했다.

좁은 장소에서 몸을 부딪치며 음식을 나누어 먹고, 좁은 공간을 잘 활용해보겠다며 세미나실, 자매실, 유아실 등으로 나누기도 했다. 그때는 대학부, 아동부, 중고등부도 없었다. 예배를 준비하는 사람도 별로 없었다. 항상 토요일이면 몇몇 형제자매들만 성가대 연습을 한 후 나와

의자를 모두 제쳐놓고 왁스를 칠하여 여기저기 청소를 열심히 했다. 당시 나는 예배를 준비하는 사람이었다. 진입로를 쓸고 바닥을 진공청소기로 쓸어 담는 것, 의자의 줄을 반듯하게 맞추는 것이 즐거웠다. 당시는 교회에서 일어나는 모든 사소한 일도 내 일처럼 느꼈었다.

새 성전으로 이전한 지금은 예배를 드리는 사람이 되었다. 직장을 나가는 시간보다 일찍 일어나 교회를 출발해 기도회, 성가대 연습, 예배, 찬양단 연습을 하다 보면 하루가 화살처럼 지나간다. 성가대석 왼편에는 창문 턱에 낀 먼지가 자욱하다. 성가대석에 앉을 때마다 잠시 진공청소기를 가져와 닦아야지 매번 생각을 하면서도 벌써 몇 주가 지났는지 모르겠다. 교회가 커서 이제는 진공청소기가 어디에 있는지 빗자루가 어디에 있는지도 모르겠다. 그만큼 사람들도 많으니까, '누군가 하겠지' 하는 생각에 교회에 관심이 많이 사라진 것 같다. 내가 맡은 직분, 성가대 찬양단만 하면 된다는 생각에…. 지금은 화장실이며, 로비, 계단, 예배당 바닥 등을 누가 청소하는지도 모르겠다. 대학부일까? 전도사님일까? 이 큰 교회를 청소하다 보면 얼마나 힘이 드실까?

예배를 마치고 집으로 오는 차에는 교사 집사님들이 많다. 새로운 사람에 대해서 이야기하면 전혀 모르고 있다. 교사들은 교제할 시간이 없기 때문에 얼굴은 아는데 이름도, 사는 곳도 모르는 사람이 많다고 한다. 나는 애써 생김새를 이야기하며 그 교사 집사님들에게 성도들에 대해 얘기를 한다. 알아야 위해서 기도하고 사랑할 수 있지 않겠는가? 하나님이 기뻐하는 교회는 사랑이 넘치는 교회라고 생각한다. 예전에 읽었던 책에서 본 내용인데 요한계시록 2~3장에 보면 일곱 교회에 대한 말씀이 나온다. 에베소, 서머나, 버가모, 두아디라, 사데, 빌라델비아, 라오디게아. 하나님이 어떤 교회는 책망만 하고 어떤 교회는 책망도 하고 칭찬도 했다. 그러나 칭찬만 한 교회는 빌라델비아 교회였다고 한다. 그런데 이 빌라델비아의 뜻은 '형제를 사랑함'이라고 한다. 조직이 커지면 서로에 대해 무관심한 것은 당연한 것인지도 모른다. 그러나 할 수만 있다면 서로 돌아보아 사랑을 실천했으면 좋겠다. 조금 더 내 삶이 힘들어도 교회에 대한 애착과 형제에 대한 사랑을 실천해가야겠다.

여호와의 행하심이
나타나는 성전

– 김현아 집사(현재 대학교회 권사로 섬기고 있다.)
1998년 3월 〈엔크리스토〉에서 발췌

아무것도 아니고 여전히 유명하지 않은 우리를 통해 여호와의 행하심을 나타내신 하나님께 찬양과 경배를 돌립니다. 기공예배에서 입당예배 준비까지 영적인 긴장을 늦추지 않고 동일한 마음으로 기도하게 하신 하나님께 감사를 드립니다. 대학교회 성전이 지어지면서 저의 믿음이 자랄 수 있었던 것은 성전이 몇 사람에 의해 지어지는 것이 아니라 모든 성도가 협력하고 합심할 때 아름답게 지어지는 것을 깨달았기 때문입니다. 지금도 여전히 목사님만 가슴 졸이며 애쓰고 계시지만 하나님께서는 요나단과 병기 든 자에게 일치된 마음을 원하셨고 우리 모두의 기도와 헌신을 원하셨습니다. 깨어 기도하는 것이 무엇인지 조금은 알게 되었고 합심 기도의 능력도 배우게 되었습니다.

건축헌금 1차 작정을 했을 때 시댁에 1,000만 원을 마련해드려야 하는 부담감 때문에 도저히 많은 금액을 작정할 수가 없었습니다. 졸업 후 대학교회를 섬기면서 영적으로 후배들에게 도움을 주는 것도 아니고 그렇다고 건축헌금을 많이 작정할 수도 없고 해서 이런 모습으로 대학교회를 계속 섬겨야 하는지 부끄럽기만 했습니다. 그러나 3차 작정 때 목사님께서 대학교회 성도 1인당 금액을 정해주셨고 그것을 기쁨으로 감당할 수 있었습니다. 평생 한번뿐인 대학교회 성전 건축에 최선을 다하지 않으면 평생 후회로 남을 텐데 3차 헌금 작정이 약간 벅차긴 했지만 정성을 쏟을 수 있는 기회로 저에게 주어진 것을 감사드릴 수 있었습니다.

1, 2, 3차 건축헌금을 작정할 때 목사님께서 최선을 다하셨습니다. 우리가 계획한 공사비보다 더 많은 금액이

작정되었지만 목사님은 끝까지 추진시키셨습니다. 그 덕분에 IMF 구제금융의 경제적 어려움 속에서도 별 어려움 없이 성전이 완성될 수 있었습니다.

가건물인 대학교회는 아이들이 늘어나면서 공간 부족을 느꼈고, 그 탓에 아줌아 성도들은 아이를 돌보며 예배드리기가 어려웠습니다. 그때 마침 세미나실에 장판을 깔고 지연자 집사님께서 목사님 설교를 VTR로 연결해주신 후부터 그나마 예배를 제대로 드릴 수 있었습니다. 그러나 날씨가 무더운 여름철에는 양철 지붕이 열을 받아서 얼마나 덥던지 아이들까지 열을 받아 예배드리기가 힘들었습니다. 우리의 이런 모습을 하나님께서 긍휼히 보시고 에어컨 시설을 갖춘 넓은 성전을 우리에게 주셨습니다. 그런데 양철 지붕 가건물이 좁고 낡아서 우리에게 새 성전을 주셨을 뿐 아니라, 무엇보다 중요한 것은 우리 교회를 통해 이루실 하나님의 크신 일들이 있으시기에 하나님께서 우리에게 새 성전을 주신 것이라 믿습니다. 캠퍼스의 죽어가는 영혼들을 우리 교회를 통해 변화시키시고, 100명의 선교사를 파송시키며, 그리스도 공동체 예수 마을을 통해 세계를 변화시킬 하나님의 일꾼들을 키워내시려고 우리에게 성전을 허락하신 것입니다.

성전 건축 때 우리와 함께하신 하나님께서 우리 교회를 통해 더 큰 일을 이루어주실 것을 믿습니다.

행동하는 믿음으로 이룰
새 역사를 기대하며

- 나용태 집사
1998년 3월 〈엔크리스토〉에서 발췌

중앙대학교에 하나님의 집을 우뚝 서게 하심을 찬양합니다. 그 하나님의 권능과 신실하심을 묵상할 때면 마음 가득 벅차오름을 느낍니다. 지금 와서 고백하건대, 저는 우리 눈에 불가능하게 보인 홍해 바다처럼, 성전 건축이 온전하게 될까 의심하는 불신앙을 가진 적도 있었습니다. 그러나 주님은 기적을 이루셨고, 그 기적을 보며 저는 그분이 작정하시기만 하면 반드시 이루시고야 마는 것을 보았습니다. 이 일에 우리가 다 증인이 되었습니다. 이제 우리는 이 성전에 올라가며 새로운 노래를 불러야 할 것입니다. 홍해 바다를 건너게 하신 기쁨에만 취해 있을 것이 아니라 새로 만나게 될 이 가나안에서의 생활들을 준비하며 새 노래를 불러야 할 것입니다.

이 교정에 우리를 일꾼으로 부르신 그분이 가장 즐거워하실 일들을 찾아 즐겁게 해드릴 노래를 불러야 하는 것입니다. 또한 전심으로 기도하고 하나님의 지혜를 얻어 이 교정에 새로운 역사가 일어나기 위해 행동하는 믿음이 필요합니다. 머리로만 믿는 신앙이 아니라, 살아있는, 행함이 있는 믿음이 더욱 요구될 것입니다.

또한 이 민족 위에 우리들을 지도자로 사용해주실 주님을 바라보며, 진취적인 사고와 소명감을 갖고, 주님의 때를 기다려야 할 것입니다.

하나님의 때, 나의 때가 아닌 하나님의 때를 기다리며 준비된 그릇으로 그분만을 바라보며 나아가야 할 것입니다. 이제 이곳에서 새롭게 일을 시작하신 하나님의 이름을 영영히 찬양합니다. 할렐루야!

마땅히 할 일을 했을 뿐인데

– 김지영 집사
1998년 3월 〈엔크리스토〉에서 발췌

햇살 가득한 어느 봄 주일 아침에, 예배가 드려진다던 강의실을 찾아갔다. 길을 가던 중 지금도 대학교회를 섬기고 계신 모 여 집사님을 만나 간략하게 대학교회를 소개받았다. 그날 예배에 대한 나의 인상은 참 독특했다는 것으로 기억하고 있다.

그 다음 주일날도 난 그곳을 향하고 있었는데, 한 자매가 예배 장소가 바뀌었음을 알려주었고 나는 새 교회(지금의 가건물)에서의 첫 예배를 드렸다. 그리고 이렇게 10년 가까운 세월이 흘러 새 성전에서 예배를 드리게 된 것이다. 마냥 똑같은 모습으로 가건물 안에 모여 있기를 원치 않으시고, 하나님 앞에서 더 성장하고 싶은 소망 때문에 새 성전을 향한 꿈을 말씀하시던 목사님을 바라보던 그 당시 나의 시각은 다분히 이방인과 같았다. 그러나 하나님을 더 알게 되고 주님께 가까이 갈수록, 대학교회는 내 삶을 재충전 시키고, 양분을 공급해주는 곳이 되었다. 그래서인지 대학교회의 비전이 또한 나의 꿈이며 소망이 되었다.

성전 건축에 대한 계획이 구체화되고, 하나둘씩 일이 진행되면서 이 일이 정말 하나님께서 원하시는 일이라는 확신을 갖게되었다. 그리고 그 역사에 동참하기 위해서는 내가 감당해야 할 부분이 있다는 것이 나를 고민스럽게 했지만, 하나님의 원하시는 그 일에 나도 무언가 할 수 있다는 사실에 매우 기뻤다.

실제로 내가 감당해야 할 헌신은 경제적인 면에서 불편함을 갖게 했다. 그러나 그것이 절대적인 어려움이나 불편함이 아니며, 하나님께서 내게 요구하신 헌신이 단지 너무도 작은 수고임에도 하나님 나라를 위해 쓰여질 수 있다는 것이 기쁠 뿐이었다. 이 일에 동참하신 분들 중에는 어려운 중에 기꺼운 마음으로 동참하신 분들도 많겠지만, 이제 더 이상 그 어려움을 말하고 싶지 않다. 우리는 다만 우리의 할 일을 했을 뿐이라고 생각한다.

건축 기간 중에 한 번도 우리의 교회 건축이 중단될 것이라고 생각해본 적은 없다. 반드시 새 성전에서 우리의 예배를 드릴 수 있을 거라고 믿었다. 실상 내가 긴장하고 두려워하고 있는 것은 적어도 10년이 넘게 성장한 외형적 증거로서 새 성전이 건축된 만큼, 대학교회를 이루고 있는 우리 모두가 영적인 면에서 그만큼 성장한 모습으로 하나님 앞에 서야 한다는 사실이었다. 더 성장하고, 더 많은 주님의 일을 감당하고 싶기에 부르짖었던 새 성전이 아닌가! 오늘의 새 성전을 건축하게 되기까지 대학교회를 사랑하며 믿음의 선한 싸움을 달려오신 여러 집사님들에 이어 우리 교회를 생명처럼 사랑하며 함께 동역할 후배들을 기대하고 있다. 그들과 함께 하나님께서 새롭게 이루실 역사를 기대하고 있다.

마지막으로 차마 이루 다 표현할 수 없는 어려움을 홀로 감당하시며 이 시간까지 오신 목사님께 감사드린다. 모든 것이 하나님의 은혜이리라. 모두에게 사랑을 전하고 싶다.

한마음으로 이룬
성전의 기초

- 황복녀 사모
1998년 3월 〈엔크리스토〉에서 발췌

"애들아! 빨리 일어나. 오늘 주일이잖아." 새벽부터 떠드는 소리에 할아버지도 잠이 깨셔서 성주를 깨우시기에 바쁘다. "교회가 어떻게 달라졌나 우리 빨리 가보자." 부시시 눈을 비비며 일어나는 아이들을 앞세우고 벌써 시동을 걸어놓고 기다리는 남편의 눈치를 슬슬 살피며 차에 오른다.

이른 아침이라 그런지 약간 차가운 기운이 차창을 통해 느껴졌으나 개나리는 벌써 꽃을 피워 노란 자태를 자랑하고 있는 것 같다. 매주일 갖는 우리 가족의 오붓한 안성 나들이!

이런 시간을 가진 것도 벌써 3년이 넘었다. 직장을 그만두고 교회에 처음 내려갔을 때 허름한 예배당에서 첫 예배를 드리며 '이곳이 내 교회구나.' 하는 실감을 하며 마음 한구석에는 아린 마음이 있었던 것도 사실이었다.

그룹별 성경공부를 할 장소가 없어서 바깥 계단에 나가 야외수업을 하던 일, 예배당 구석구석에 앉아 서로가 조용히 하라고 눈치 주며 성경공부 하던 일, 봉고차 안이 교회 부속실이 되어 아이들에게 성경을 가르치던 일, 여름이 되면 비가 새어 양동이를 몇 개씩 받쳐놓아야 했던 일, 겨울이 되면 수도가 얼어서 마실 물 한 잔을 구하러 멀리 화장실까지 가야 했던 일, 지저분한 화장실에서 상추를 씻어 맛있게 밥을 싸 먹었던 일, 겨울에 꽁꽁 언 손을 비비며 화장실을 찾아 원정 다녔던 일….

내가 이 교회에 와서 신기하게 여겨왔던 모든 일들이 목사님과 교회 성도들에게는 얼마나 자연스러웠던지. 지금 교회는 전보다 많이 좋아진 것이라고 불평 한마디 없이 묵묵히 따라와준 우리 교회 성도들이 목사님에게는 얼마나 큰 힘이 되었을까?

집안일 전혀 신경 안 쓰고 교인들 애기만 하면 신경 곤두세우는 남편이 때론 섭섭하기도 했지만 이젠 나도 그 속에서 숨을 쉬어야 살 수 있는 하나의 지체가 되었다.

모세가 애굽의 모든 영광을 뒤로 하고 광야에 나왔듯이 우리 형제자매들은 잘 지어진 교회를 뒤로 하고 캠퍼스 사역에 동역하는 것이 주님께서 주신 소명임을 깨달아 새벽부터 그렇게 달려 나왔나 보다. 그들의 헌신과 수고가 오늘의 성전 건축에 큰 기초가 되었으리라. 이제는 교회의 문짝마저 낡아서 주저앉아 버렸으니 하나님께서 새 집을 주시지 않았겠는가? 주님은 중앙대학교를 사랑하신다. 그렇기에 대학교회는 이곳 캠퍼스와 안성지역 주민의 복음화와 함께 영적 지도자의 육성과 선교사의 파송 등 주님의 일꾼을 키우는 데 사용되어질 것이다. 지금도 여러 곳에서 선한 청지기 역할을 감당하고 있는 우리 기독 동문들을 생각하며 더 많은 능력 있는 일꾼들이 배출되어, 이 나라를 아니 세계를 변화시키는 능력있는 하나님의 사람들이 되길 기도한다.

이 모든 일을 이루시기 위해 주님은 교회 건축에 대한

소망을 7년 전부터 갖게 하셨고 그동안 기도하며 준비케 하셨다가 오늘 이 성전을 완성하셨다. 생각하면 너무나 험난한 1년여였지만 또한 모든 일이 감사할 뿐이다.

크신 일을 이루신 주님께 감사드린다. 그리고 그동안 눈물로 기도하며 힘에 넘치도록 헌금에 동참한 모든 형제 자매들에게 하나님의 축복이 넘치길….

나를 사용하신
하나님

– 이경선 집사(현재 대학교회 권사로 섬기고 있다.)
1998년 3월 〈엔크리스토〉에서 발췌

　　남편이 어느 날 갑자기 "난 건축헌금을 얼마 하기로 작
정했어."라고 말했다. 그것은 어떤 상의도 아니었고 이미
그 마음에 결정했음을 알리는 일방적인 통보였다. 그 말
을 듣는 순간 난 속으로 코웃음을 쳤다. "자기 주제를 알
아야지!" 우린 학생 부부였고 수입은 부모님으로부터 받
는 생활비가 고작이었다. '남편의 희망사항이겠지. 자기
처지를 자기가 잘 알고 있고, 헌금 작정이란 말은 나온
적도 없으니, 언젠가 아주 나중에 때가 되면 교회를 지을

거야.' 막연하게 생각하며 곧 잊어버렸다. 그때가 남편이 4학년 때인 지금부터 7년 전의 일이었다.

졸업 후 남편은 직장을 위해 시험 준비로 2년을 보냈고 그 과정에서 우리는 교회를 떠나 있었다. 시험은 실패했고, 다시 서울로 와서 교회에 출석했다. 그때가 이미 1차 건축헌금이 작정된 뒤였고 우리도 2차 헌금 작정에 동참했다. 난 당황했으며 화가 났다. 혼자서 속을 끓이다가 포기해버렸다. '에이 난 모르겠다!' 남편은 직장을 포기했고 조그만 빵가게를 시작했다. 부모님과 함께 살았기 때문에 생활비는 전혀 부담하지 않았는데도 월말 계산 때에 수입 잔고는 거의 0에 가까웠다. 그때 내 마음에 온 깨달음은 '헌금이란 것은 내가 작정했다고 내가 하는 것이 아니구나.' 하는 것이었다. 하나님께서 기회와 물질을 허락하지 않으시면 결코 할 수 없다는 것을 깨달은 것이다. 이제까지 내 것인 양 아까워하며, 인색했던 마음들을 회개했다. 내 형편에 이것이 말이나 되느냐는 식의 이성적인 생각도 내려놓았다.

그즈음 목사님께서는 주일날 건축을 위해 기도모임을 가지셨다. 그때에 펼쳐든 말씀은 학개서였다. 이 말씀은 내 마음을 밝게 비추는 한줄기 빛이었다. 이제까지의 먹구름들은 한순간에 걷혔고 격려와 위로를 받았다. 우리에게 주신 것이 다 주님의 것이지만, 드린 것보다 몇 배로 갚으시겠다는 약속도 받았다.

학개 1장 7절에서 8절 말씀이 그것이다.

> "나 만군의 여호와가 말하노니 너희는 자기 행위를 살필지니라. 너희는 산에 올라가서 나무를 가져다가 전을 건축하라. 그리하면 내가 그것으로 말미암아 기뻐하고 또 영광을 얻으리라 여호와가 말하였느니라."

하나님께서 대학교회를 통해서 기뻐하시고 영광을 얻으시겠다고 직접 말씀하셨다. 그 후에도 나는 종종 주님 앞에 온전치 못한 마음일 때마다 학개 말씀을 펴 들었다. 하나님의 은혜로 남편은 직접 빵을 만들기 시작했고 2년 반 동안의 빵가게를 마감하면서 우린 작정했던 헌금을 다 드릴 수 있는 복을 받았다.

이 일을 통해 우리는 내 것이라 할지라도 내 마음대로 드리는 것이 아님을 다시 한번 깊이 깨닫게 되었다. 주님께서 날 사용하시지 않는다면 내게 아무리 많은 재물이 있다고 할지라도….

내가 주님께 쓰임을 받았다는 사실만으로도 가슴이 벅차다. 그리고 이 성전을 통해서 세계를, 이 나라를, 중앙대학을 변화시키실 주님의 역사하심을 간절히 기대한다.

마치며

　어쩌다 기차를 타고 지방을 갈 때 창밖으로 스쳐지나가는 수많은 교회 건물들을 봅니다. 교회 건축을 경험하기 전에는 그 수많은 교회들에 담긴 그보다 많은 이야기들을 몰랐었습니다. 그러나 경험한 이후에는 그 모든 교회가 성도들의 눈물과 수고 그리고 헌신이 녹아들어 그렇게 세워질 수 있었음을 알게 되었습니다. 그리고 또한 그 안에 눈물겨운 수많은 간증들이 가득할 겁니다. 이를 알기에 창밖으로 스치는 예배당을 볼 때마다 교회 이름은 모르지만 주께서 알고 계시기에 주의 거룩하신 이름으로 그 교회를 축복하며 기도를 하곤 합니다.

가건물에서 예배를 드리면서 대학교회 건축 비전을 성도들과 공유하고 몇 년 지나지 않았던 어느 해 겨울에, 수험생 실기고사가 있었습니다. 자녀들이 실기고사를 치르고 있는 시간에 부모님들이 예배당에 모여 예배를 드리고 기도를 합니다. 예배를 마치고 학부형 한 분이 예배를 섬기고 있는 저와 학생들을 나무랍니다. 의외의 모습에 당황을 했지만 그분이 하시는 말씀을 주께서 하시는 말씀으로 들었습니다.

"여러분들은 뭐하시는 분들입니까? 다른 건물들은 멀쩡하게 번듯이 세워져 있는데 하나님을 예배하는 예배당은 이렇게 낡은 가건물로 되어 있는데도 기도는 하고 계십니까? 제대로 된 예배당 건물을 위해서 기도하고 계세요?"

수험생들과 부모님을 위해 예배드리고 섬기는 봉사를 하고 있는 저와 형제자매들은 순간 당황했지만 저는 이 꾸지람을 교회 건축을 두려워하며 머뭇거리는 모습을 주께서 책망하신 것으로 받았습니다. 이를 계기로 이전보다 더욱 주를 의지하면서 기도했고 가나안을 앞둔 이스라엘 백성들이 요단강에 발을 담그듯 움직이기 시작했습니다.

대학교회가 중앙대학교 안에 세워지게 된 수많은 이야기 간증 가운데 이 책에 담긴 것은 아주 작은 부분일 겁니다. 언제나 고백하는 말과 같이 모두 주께서 하신 일들입니다. 저와 그리고 생명같이 소중한 것으로 함께해 주신 모든 분들은 주께서 하신 일에 함께한 것만으로도 이미 많은 복을 누렸습니다.

책에 담을 수 없지만 그때 눈물겨운 헌신을 보여준 형제자매들의 그 이후의 삶의 모습들은 하나님께 복을 받은 모습들로 가득합니다. 주의 약속을 믿고 자신의 것을 아낌없이 주 앞에 부어드렸던 그 헌신에 주님이 놀랍게 복으로 갚아주셨음을 생생히 지켜보았습니다. 지금 예배당 의자에 앉아 예배를 이어가는 후배들과 모든 성도님들도 그 복을 함께 누렸으면 하는 소망으로 대학교회 건축이야기를 적어보았습니다. 그리고 이렇게 대학 안에 아름다운 예배당이 세워져 있음은 우리 모두의 자랑입니다. 그래서 우리는 해마다 새 얼굴들을 기다리며 이렇게 현수막을 붙여 놓곤 합니다.

"중앙대학교에는 대학교회가 있습니다."

■ 중앙대학교 다빈치캠퍼스 대학교회 연혁

1986. 4. 6.	–	창립되어 예배를 시작하다. (생활과학대학의 1112호 강의실) – 숭의여자중학교 교목 류상태 목사 부임.
1987. 6.	–	류상태 목사 사임.
1987. 10. 1.	–	이제훈 목사 2캠퍼스 교목으로 담임목사로 부임.
1988. 5. 12.	–	가건물을 예배 처소로 하여 입당예배를 드리다(현 조소과 실기동 옆).
1989. 1.	–	길형준 교육전도사 부임.
1989. 12. 24.	–	겨울 제직수련회(12/24~25)에서 교회 건축에 대하여 최초로 언급 하다. 교회 창립 10주년이 되는 해에 새 예배당에서 예배를 드리자 고 담임목사 강의(대학교회 비전과 미래) 중 언급됨.
1990. 3. 18.	–	이영형 교육전도사 부임.
1990. 4. 8.	–	김요한, 김미중 선교사(튀르키예) 동역선교사가 되다.
1990. 5. 13.	–	이영형 교육전도사 사임(군 입대).
1991. 4. 28.	–	이영형 교육전도사 재부임.
1991. 6. 16.	–	길형준 교육전도사 사임(군 입대).
1992. 1.	–	새로운 예배당 건축에 대한 기도를 시작하다.
1993. 5. 2.	–	예배당 건축을 위한 1차 건축헌금을 작정하다.
1993. 9. 5.	–	이영형 교육전도사 사임. – 길형준 교육전도사 재부임.
1994. 1. 1.	–	강문헌, 온정옥 선교사(미국) 동역선교사가 되다.
1994. 9. 15.	–	대학교회 건축위원회를 구성하다(교직원신우회, 대학교회, 기독학생연 합회, 기독동문회).
1995. 1. 1.	–	길형준 교육전도사 사임. 김래원 교육전도사 부임.
1995. 2. 5.	–	조혁진 교육전도사 부임.
1995. 7. 2.	–	김래원 교육전도사 사임(군 입대).
1995. 11. 5.	–	예배당 건축을 위한 2차 건축헌금을 작정하다.
1996. 1. 14.	–	장인식, 홍정은 선교사(태국) 동역선교사가 되다.

1996.	3.	5.	– 현재 대학교회가 있는 부지를 건축부지로 확정.
1996.	4.		– 설계작업을 착수하여 동년 12월 초에 시공설계를 마무리하고 시공업자를 선정하다(설계: 예진인건축설계사무소, 시공: 대성토건주식회사).
1996.	10.	14.	– 대학교회 건축 기공예배를 드리다.
1996.	12.	15.	– 김상섭, 정연수 교육전도사 부임.
1996.	12.	29.	– 정연수 교육전도사 사임.
1997.	1.	15.	– 송영관 교육전도사 부임.
1997.	2.	12.	– 대학교회 건축허가를 받다.
1997.	3.	21.	– 건축을 시작하다(연면적 232평).
1997.	12.	21.	– 조혁진 교육전도사 사임. – 김정회, 강동남 전도사 부임.
1997.	12.	28.	– 김재원 교육전도사 부임.
1998.	1.	11.	– 강동남 전도사 사임.
1998.	3.	28.	– 건축을 완공하고 입당예배를 드리다.
1998.	4.	26.	– 김정회 전도사 사임.
1998.	11.	17.	– 대학교회 준공검사를 필하다.
1998.	11.	29.	– 김상섭, 김재원 교육전도사 사임.
1998.	12.	6.	– 강문헌, 온정옥 전도사 부임.
1999.	1.	3.	– 안환 교육전도사 부임.
2000.	1.		– 송영관 교육전도사 전임전도사 되다.
2000.	9.	10.	– 강문헌, 온정옥 전도사 사임(도미).
2001.	1.	7.	– 주성필 교육전도사 부임.
2001.	12.	16.	– 유인용 교육전도사 부임.
2001.	12.		– 홍은미 간사 부임.
2002.	10.		– 송영관 전도사 강도사 인허. – 안환 전도사 강도사 인허.
2002.	11.	24.	– 주성필 교육전도사 사임. – 유인용 교육전도사 사임.

2002. 12.	– 송영관 강도사 전임강도사 되다.
	– 안환 강도사 전임강도사 되다.
2003. 1. 10.	– 노시영, 김향실 선교사(브라질) 후원 시작하다.
2003. 2. 2.	– 유철훈 교육전도사 부임.
2003. 4. 27.	– 송영관 강도사 사임.
2003. 9.	– 안환 강도사 목사 인허.
2003. 11. 30.	– 안환 목사 사임.
	홍은미 간사 사임.
2003. 12. 14.	– 송영관, 최문정 선교사(태국) 파송.
2004. 2.	– 안은애 간사 부임.
2004. 8.	– 김재원, 박미경 선교사(태국) 동역선교사가 되다.
2005. 2.	– 김영표 전도사 부임.
2005. 11.	– 김영표 전도사 사임.
2005. 12.	– 유철훈 교육전도사 전임전도사 되다.
	– 유민경 전임 간사 부임.
	– 안은애 간사 사임.
	– 중국신학교(CTSS) 선교 후원 시작하다.
	– 러시아 우수리스크 성서교회 양영근 선교사 후원 시작하다.
2006. 1.	– 최아람 간사 부임.
2006. 4. 2.	– 창립 20주년 기념예배를 드리다.
2006. 9.	– 유민경 간사 사임.
2006. 11.	– 유철훈 전도사 강도사 인허.
2007. 1.	– 우광민 강도사 부임.
2007. 1.	– 이충재 교육전도사 부임.
2007. 1.	– 김승택 교육간사 부임.
2007. 1.	– 이승은 선교사 후원 시작하다.
2007. 5.	– 최아람 간사 사임.
2007. 3.	– 강수철 중국부 전도사 부임.

2007.	10.		– 유철훈 강도사 목사 인허. – 우광민 강도사 인허.
2007.	12.		– 강수철 중국부 전도사 사임. – 정 예 중국부 전도사 부임.
2008.	4.		– 김승택 교육간사 사임.
2008.	9.		– 김지연 간사 부임.
2008.	10.		– 김지연 간사 사임.
2008.	12.		– 최한나 간사 부임. – 유길헌 교육간사 부임. – 정예 전도사 사임.
2009.	8.		– 윤상희 선교사 파송(중국 상해). – 유철훈 목사 사임.
2009.	9.	27.	– 김영환 목사 부임.
2009.	11.		– 우광민 목사 사임. – 이충재 전도사 사임. – 최한나 간사 사임.
2009.	12.		– 김승택, 유길헌, 안수민 교육전도사 부임. – 김현주 간사 부임.
2010.	3.		– 안췐췐 중국부 전도사 부임.
2010.	11.		– 김현주 간사 사임.
2010.	12.		– 기애경 간사 부임.
2011.	1.		– 이곤 중국부 전도사 부임.
2011.	4.	3.	– 창립 25주년 기념 감사예배 드리다.
2011.	11.		– 기애경 간사 사임.
2011.	12.		– 이곤 중국부 전도사 사임.
2012.	1.		– 안베이베이 중국부 전도사 부임.
2012.	3.		– 윤정아 간사 부임.
2012.	4.	1.	– 창립 26주년 기념 감사예배 드리다.
2012.	9.		– 안베이베이 중국부 전도사 사임.
2012.	11.		– 윤정아 간사 사임.

2012.	12.		– 이지혜 간사 부임.
			– 안수민 교육전도사 사임.
			– 최립 교육전도사 부임.
2013.	02.		– 안쳰쳰 중국부 전도사 사임.
			– 고정결 중국부 전도사 부임.
2013.	04.	07.	– 창립 27주년 기념 감사예배 드리다.
2013.	09.		– Rakesh Kumar(인도), Shyam Sankar(인도) 선교사 후원하다.
2013.	10.		– 김승택 전도사 강도사 인허.
2013.	11.		– 이지혜 간사 사임.
2013.	12.		– 박해아름 간사 부임.
2014.	3.	2.	– 이제훈 담임목사 교목정년감사예배 드리다.
2014.	4.	6.	– 창립 28주년 기념 감사예배 드리다.
2014.	5.		– 이제훈 담임목사 안식월 시작.
2014.	7.		– 이제훈 담임목사 안식월 끝.
2014.	10.		– 김승택 강도사 목사 인허.
			– 유길헌 전도사 강도사 인허.
2014.	12.		– 김영환 목사 사임.
			– 김승택 교육목사 부목사 되다.
			– 유길헌 강도사 전임강도사 되다.
			– 신지원 교육전도사 부임.
			– 박해아름 간사 사임.
2015.	1.		– 김현지 간사 부임.
			– 고정결 중국부 전도사 사임.
2015.	2.		– 노혜정 중국부 전도사 부임.
2015.	4.	5.	– 창립 29주년 기념 감사예배 드리다.
2015.	6.		– 김승택 목사 사임.
2015.	10.		– 유길헌 강도사 목사 인허.
2015.	12.		– 최립 교육전도사 전임전도사 되다.
			김현지 간사 사임.
2016.	1.		– 송슬기 간사 부임.
			– 김홍모, 문성숙(인도네시아) 선교사 후원 시작하다.

2016.	3.		- 윤상희 자매(전문인 선교사) 후원 시작하다.

2016. 4. 10. - 창립 30주년 기념 감사예배 드리다.
　　　　　 - 임직식 및 임직감사예배 드리다.
　　　　　　 안수집사: 김영주, 김종석, 김진일, 김희연, 나승태,
　　　　　　　　　　 박오현, 신재룡, 이근배, 이승재, 최득희,
　　　　　　　　　　 최승협, 최충일
　　　　　　 권　　　사: 김현아, 이경선, 이정희
　　　　　　 명예권사: 김영화, 백화녀, 천하영, 최화남, 홍은영

2016. 11. - 송슬기 간사 사임.

2017. 1. - 송영관 선교사 안식년 시작.

2017. 2. - 노혜정 중국부 전도사 사임.
　　　　 - 범문초 중국부 전도사 부임.

2017. 4. 2. - 창립 31주년 기념 감사예배 드리다.

2017. 5. 21. - 이제훈 담임목사 안식월 시작.

2017. 6. 18. - 이제훈 담임목사 안식월 끝.

2017. 7. - 윤정아 간사 부임.

2017. 8. - 영어예배 시작하다.

2017. 11. - 송영관 선교사 안식년 끝.

2017. 12. - 박하임 전임전도사 부임.
　　　　 - 유길헌 목사 사임.

2018. 1. - 배영운 교육전도사 부임.

2018. 2. - 범문초 중국부 전도사 사임.

2018. 3. - 안정 중국부 전도사 부임.
　　　　 - 기독교윤리실천운동 후원 시작하다.

2018. 4. 8. - 창립 32주년 기념 감사예배 드리다.

2018. 5. - 더사랑교회(김영환 목사) 후원 시작하다.

2019. 1. - 배영운 교육전도사 사임.
　　　　 - 김형욱 목사 부임.
　　　　 - 전문인 선교사 김종석(요르단) 선교사 파송하다.

2019. 3. - 단기파송선교사 김미리암(T국) 후원 시작하다.

2019. 4. 7. - 창립 33주년 기념 감사예배 드리다.

2019. 4.		– 안정 중국부 전도사 사임.
2019. 7.		– 우성린 중국부 전도사 부임.
2019. 10.		– 최립 전도사 강도사 인허.
2019. 12.		– 단기파송선교사 김미리암(T국) 사역을 끝내고 귀국하다.
2020. 1.		– 우성린 중국부 전도사 사임. – 김가옥 중국부 전도사 부임. – 강문헌 교육간사 부임.
2020. 3.		– COVID19로 부서별 예배 중단, 온라인 예배 시작하다.
2020. 4. 5.		– 창립 34주년 기념 감사예배 드리다.
2020. 7.		– 윤정아 간사 사임.
2020. 10.		– 최립 강도사 목사 인허. – 신지원 전도사 강도사 인허.
2020. 11.		– 포항제자들교회 후원을 끝내다.
2021. 4. 4.		– 창립 35주년 기념 감사예배 드리다.
2021. 10.		– 신지원 강도사 목사 인허.
2022. 4. 3.		– 창립 36주년 기념 감사예배 드리다.
2022. 6.		– 양영근 선교사 별세함으로 이현숙(러시아) 선교사 후원 이어가다.
2022. 10.		– 더사랑교회 3년 후원 약정이 끝나 후원을 끝내다.
2022. 12.		– 신지원 목사 사임. – 최원영 교육전도사 부임.
2023. 1.		– 최립 부목사 후임목사 되다. – 이제훈 담임목사 안식년 시작. – 성창모 교육전도사 부임. – 김가은 간사 부임.
2023. 4. 2.		– 창립 37주년 기념 감사예배 드리다.
2023. 5.		– 쉐흐나즈, 큐브라(키르키즈스탄) 선교사 후원 시작하다.
2023. 10.		– 팡레이 중국부 전도사 부임. – 박희훈 교육전도사 부임.

■ 동판에 새긴 교회를 세운 아름다운 이름들

예수의 몸 된 교회인 이 중앙대학교회는 생명같이 소중한 사랑을
기쁜 마음에 담아드린 이분들의 헌금으로 지어진 교회입니다.

1998년 3월 28일

"이 집은 살아 계신 하나님의 교회요 진리의 기둥과 터니라"

디모데전서 3장 15절

강대석	강혜영	곽창림	김대래	김미순	김선한
강동남	고국희	권기정	김대희	김민하	김성균
강문헌	고석련	권 란	김덕재	김범석	김성근
강민형	고영대	권민희	김득희	김병철	김성배
강보경	고용권	권성호	김라현	김보연	김성순
강성준	고유미	권영인	김래원	김상섭	김성애
강영희	고태진	권지선	김명희	김상헌	김성은
강예린	고 현	김광석	김문석	김선명	김성진
강재석	고희영	김교선	김미경	김선미	김성진
강정원	공은하	김균일	김미나	김선영	김세광
강현빈	곽영철	김남건	김미성	김선중	김소정

김수길	김윤동	김지애	김형섭	류현주	박 율
김숙희	김윤희	김지연	김형애	명락훈	박재언
김승욱	김은균	김지영	김혜진	민경옥	박정훈
김승택	김은림	김지영	김 호	민현숙	박종분
김연미	김은진	김지현	김효순	박경백	박필모
김영구	김은희	김지현	김효정	박남규	박혜준
김영균	김이훈	김진광	김효주	박대선	박효성
김영기	김인영	김진석	김후근	박만규	박희경
김영덕	김인옥	김진우	김희수	박민정	방준석
김영숙	김재민	김진일	김희정	박민희	방희석
김영순	김재원	김진철	김희정	박병술	배성식
김영주	김재철	김찬용	나미숙	박상희	배영미
김영준	김재환	김창근	나승태	박선주	백남형
김영환	김전행	김철희	나용태	박소현	백승인
김영환	김정기	김하나	나철수	박순대	백옥희
김요한	김정우	김학민	남궁규	박영숙	백준남
김용기	김정은	김학철	남영인	박영주	백현주
김용희	김정현	김 향	노충우	박오현	변상국
김우현	김정희	김향희	류경이	박완규	변성준
김원태	김종석	김현아	류은경	박용만	복기봉
김유곤	김주연	김현용	류은영	박용진	서금임
김유미	김중식	김현정	류인용	박우영	서동기
김유미	김지숙	김현지	류재덕	박윤갑	서미영

서수길	신자숙	옥도일	이경선	이 성	이정재
서정복	신재경	온규종	이경선	이성교	이정훈
서청원	신재룡	온누리	이경애	이성주	이정희
서희재	신지양	우광미	이경조	이성진	이정희
설수찬	신철우	우광우	이경주	이수용	이제훈
설영섭	신화섭	유경호	이경희	이수진	이종수
손성삼	신희경	유미경	이계순	이숙영	이종옥
손주영	심정민	유병선	이근미	이승재	이종훈
송병언	심현찬	유병훈	이근배	이승철	이준영
송영관	안수현	유용태	이근정	이영형	이준호
송영아	안승진	유월규	이기용	이은주	이지영
송인경	안은애	유윤종	이 길	이은혜	이진열
송인선	안주일	유장호	이나경	이은희	이차돈
송주화	양선희	유철훈	이명규	이인석	이창수
신건호	양수경	유추만	이명재	이일재	이창훈
신규정	양윤주	윤상희	이미옥	이장열	이철형
신동열	양희선	윤석원	이미형	이재권	이현순
신미경	어 영	윤성로	이보라	이재영	이현재
신미자	여종연	윤수정	이사례	이정미	이현정
신상곤	연규갑	윤영호	이상석	이정미	이환승
신숙주	오은지	윤찬도	이상은	이정애	이희경
신원섭	오종찬	윤현진	이석영	이정옥	임경수
신은철	오형제	윤혜선	이선희	이정은	임국진

임성빈	전홍덕	정진아	조지선	최순옥	한승일
임승영	정갑순	정태영	조혁진	최승웅	한찬건
임재현	정광호	정필상	주명돈	최승협	한혜영
임정희	정규철	정한규	주의종	최아람	함정국
임지혁	정기천	정해경	지금숙	최원진	허미애
임 훈	정미경	정혜연	지상훈	최원영	허영만
장 미	정병두	조계영	지정숙	최유진	허은희
장봉생	정석길	조국희	지희례	최재선	허재완
장석환	정선진	조미성	차광도	최지현	허형숙
장성운	정소현	조선생	차명수	최충일	홍미연
장세희	정연수	조성희	채승범	최현숙	홍병숙
장윤영	정영채	조순옥	채윤성	최현아	홍영원
장혜진	정우식	조안제	천병국	탁군진	홍은미
장희원	정우현	조양숙	최광렬	탁정란	황복녀
전덕규	정유진	조영배	최광희	표희동	황성수
전만수	정의경	조영실	최득희	하경숙	황소엽
전양금	정의순	조영주	최문정	하웅지	황승미
전은미	정종림	조윤주	최상구	한근영	황은선
전은영	정종원	조은자	최상혁	한기필	
전인평	정지원	조인식	최성미	한명일	
전재선	정지훈	조정현	최성훈	한병주	

기독학생연합회(1C)　기독학생연합회(2C)　교수성경연구회(2C)
교직원신우회(1C)　교직원신우회(2C)　선한교회